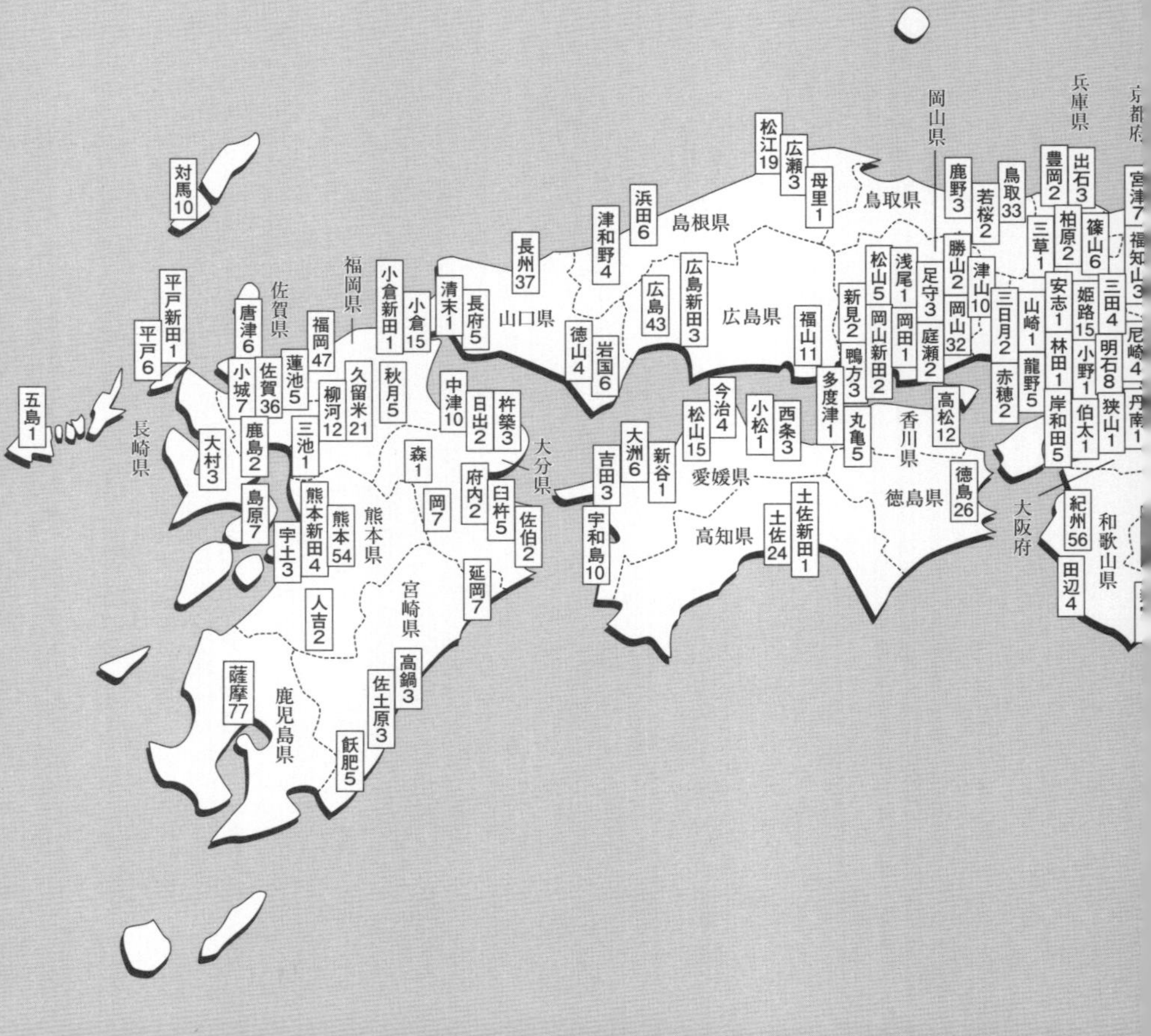

対馬10
平戸新田1
平戸6
五島1
長崎県
佐賀県
唐津6
小城7
佐賀36
蓮池5
鹿島2
大村3
島原7
福岡47
福岡県
柳河12
久留米21
三池1
小倉新田1
小倉15
秋月5
清末1
長府5
長州37
山口県
津和野4
浜田6
松江19
広瀬3
母里1
島根県
広島43
広島新田3
広島県
徳山4
岩国6
福山11
中津10
日出2
杵築3
大分県
森1
府内2
臼杵5
岡7
佐伯2
延岡7
熊本新田4
熊本54
熊本県
宇土3
人吉2
宮崎県
高鍋3
佐土原3
飫肥5
薩摩77
鹿児島県
吉田3
大洲6
新谷1
宇和島10
松山15
今治4
小松1
西条3
愛媛県
高知県
土佐24
土佐新田1
多度津1
丸亀5
香川県
高松12
徳島県
徳島26
鳥取県
鹿野3
若桜2
鳥取33
岡山県
松山5
浅尾1
足守3
勝山2
津山10
新見2
岡山新田2
岡田1
庭瀬2
岡山32
鴨方3
三日月2
赤穂2
山崎1
龍野5
三草1
兵庫県
豊岡2
出石3
柏原2
篠山6
安志1
姫路15
林田1
小野1
三田4
明石8
岸和田5
伯太1
狭山1
大阪府
紀州56
田辺4
和歌山県
京都府
宮津7
福知山3
尼崎4
丹南1

シリーズ藩物語

中野正人・笹崎明……著

壬生藩

現代書館

プロローグ

壬生藩物語……その前に

ここ数年続く〝城ブーム〟の後押しを受けて、書店には数多くの城の本が並べられている。その中で、壬生《みぶ》城は？　というと、まずお目にかかることはない。壬生城を本拠に江戸時代の始まりから明治維新を迎えるまでの間、壬生藩が存在したことも知る人はほとんどいないだろう。そもそも、壬生を〝みぶ〟と読むこと自体難しい。他県の方に、口頭や電話で住所を説明するのに一苦労という経験は、壬生町に住んでいる方なら、必ずあるはずだ。壬生という地名を聞いて、真っ先に思い浮かべられるのは京都の壬生。そう、新選組が屯所《とんしょ》を置いたことで有名な所だ。下野国《しもつけのくに》、現在の栃木県に壬生という地名があることを知っている方は、さらに少数といえる。何しろ、都道府県の知名度ランクのテレビ番組では、知名度の低さの御三家、北関東三県のひとつが、栃木県なのだから…。

冒頭から悲観的な話ばかりで恐縮だが、壬生藩の認知度が低いものであることを、まず確認したかったのだ。壬生藩について、史料を網羅的に集め、通史として記述した唯一の資料が『壬生町史』だ。

藩という公国

江戸時代、日本には千に近い独立公国があった

江戸時代。徳川将軍家の下に、全国に三百諸侯《しょこう》★の大名家があった。ほかに寺領や社領、知行所《ちぎょうしょ》★をもつ旗本領《はたもとりょう》などを加えると数え切れないほどの独立公国があった。そのうち諸侯を何々家《け》家中《かちゅう》と称していた。家中は主君を中心に家臣が忠誠を誓い、強い連帯感で結びついていた。家臣の下には足軽《あしがる》層《そう》★がおり、全体の軍事力の維持と領民の統制をしていたのである。その家中を藩と後世の史家は呼んだ。

江戸時代に何々藩と公称することはまれで、明治以降の使用が多い。それは近代からみた江戸時代の大名の領域や支配機構を総称する歴史用語として使われた。その独立公国たる藩にはそれぞれ個性的な藩風《はんぷう》と自立した政治・経済・文化があった。幕藩体制とは歴史学者伊東《いとう》多三郎《たさぶろう》★氏の視点だが、まさに将軍家の諸侯の統制と各藩の地方分権が巧く組み合わされていた、連邦でもない奇妙な封建的国家体制であった。

今日に生き続ける藩意識

明治維新から百五十年以上経っているのに、今

昭和五十五年から平成元年にかけて壬生町により編纂された、いわば公式の歴史書だ。収集された文献史料は「資料編近世」としてまとめられ、二冊の「通史編」にその歴史が叙述されている。

その『壬生町史』の編纂からすでに四半世紀。編纂後に新たに確認された資・史料も数多く、それまでには見られなかった視点で、歴史が語られるようになっている。たとえば平成四年度から始められた「郷土の人物調査」では、江戸時代から現代にかけて数多くの人物の事績が掘り起こされてきた。とくに幕末の医学や兵学《へいがく》の分野における成果は、「蘭学《らんがく》のまち壬生」の契機となった発見だ。

これらの成果は、壬生町立歴史民俗資料館企画展において発表されているが、限られた期間での展示であり、図録も完売の状態では、その成果を目にすることは難しいといえる。そこで本書は、『壬生町史』とこの四半世紀に壬生町立歴史民俗資料館を中心に続けられてきた研究の成果をつなぎ、歳月に埋もれた壬生藩の歴史を、より多くの方にご紹介をして、壬生の歴史をより身近なものとして感じていただくことを最大の目的としている。

それでは、前置きはこれくらいにして、早速、壬生藩の誕生から遡ること百五十年。戦国時代の壬生の状況からお話ししていこう。

でも日本人に藩意識があるのはなぜだろうか。明治四年(一八七一)七月、明治新政府は廃藩置県《はいはんちけん》★を断行した。県を置いて、支配機構を変革し、今までの藩意識を改めようとしたのである。ところが、今でも、「あの人は薩摩藩の出身だ」とか、「我らは会津藩の出身だ」と言う。それは侍出身だけでなく、藩領出身も指しており、藩意識が県民意識をうわまわっているところさえある。むしろ、今でも藩対抗の意識が地方の歴史文化を動かしている。そう考えると、江戸時代に育まれた藩民意識が現代人にどのような影響を与え続けているのかを考える必要があるだろう。それは地方に住む人々の運命共同体としての藩の理性が今でも生きている証拠ではないかと思う。

藩の理性は、藩風とか、藩是《はんぜ》とか、ひいては藩主の家風ともいうべき家訓などで表されていた。

〔稲川明雄(本シリーズ『長岡藩』筆者)〕

諸侯▼江戸時代の大名。
知行所▼江戸時代の旗本が知行として与えられた土地。
足軽層▼足軽・中間・小者など。
伊東多三郎▼近世藩政史研究家。東京大学史料編纂所教授を務めた。
廃藩置県▼幕藩体制を解体する明治政府の政治改革。廃藩により全国は三府三〇二県となった。同年末には統廃合により三府七二県となった。

シリーズ藩物語

壬生藩

——目次

第三章　名門鳥居藩の誕生

鳥居元忠の末裔が入封した江戸後期、安定した藩政が展開した。

これも壬生

第一章 壬生藩と大名

外様大名の左遷地は将軍のお気に入りの大名が封じられる城へと変貌した。

現代の壬生通

1 関ヶ原の戦いまでの壬生と初代藩主日根野吉明

天正十八年（一五九〇）七月、小田原城の北条氏とともに壬生氏が滅亡。享徳の乱から続いた関東の戦国時代は終わり、徳川家康が新たな関八州の太守となった。十年後、関ヶ原の戦い後の大名再編により、壬生には外様大名の日根野吉明が入ってきた。

謎多き壬生氏五代

『東路のつと』★によれば、柴屋軒宗長《さいおくけんそうちょう》★が下野を訪れたとき、壬生には中務少《なかつかさしょう》輔綱房《ゆうつなふさ》★が、鹿沼にはその父、筑後守綱重《ちくごのかみつなしげ》★が館を構え、連歌の会が催されたという。連歌を嗜む習慣のある勢力が当時の壬生に存在していたことを、はっきりと物語っている。その名は壬生氏。壬生氏は、初代胤業《たねなり》から綱重・綱房・綱雄《つなお》を経て義《よし》雄《お》に至る五代百三十年のあいだ、壬生城と鹿沼城（栃木県鹿沼市）を主城として、下野の中央から北西部に勢力を伸ばしていた。壬生氏に関して直接物語る史料は少なく、壬生氏が差し出した文書も三〇点あまり。その事績の多くは謎である。

その最大の謎は、歴史への登場の仕方だ。京都の公家、壬生家に武家を望む者（胤業）が、戦乱の続く関東に下向して興した家、それが下野壬生氏だという。

▼『東路のつと』
柴屋軒宗長が著した紀行文。永正六年（一五〇九）七月十六日に白河の関を目指して駿河国丸子（静岡県静岡市）の草庵を出発、十二月鎌倉に至るまでに関東各地を歴訪。

▼柴屋軒宗長
室町時代後期の連歌師。駿河島田（静岡県島田市）生まれ。刀鍛冶師五条義助の子。

▼中務少輔綱房
下野壬生氏第三代当主。永正六年当時は壬生城に居住。

▼筑後守綱重
下野壬生氏第二代。永正六年当時は隠居して鹿沼城に居住。宗長とは同年齢（六十二歳）。鹿沼から栃木までの半月間を綱重が宗長に同行した。

壬生家は、本姓《ほんせい》★を小槻《おづき》氏といい、朝廷では太政官《だいじょうかん》での事務方のトップにあることから、「官務家《かんむけ》」といわれている家柄だ。身分的には、地下《じげ》★という昇殿《しょうでん》を許されない中級クラスであり、領地としての荘園も関東にはない。藤原摂関家につながらない家柄の胤業が、京都よりも一足先に戦乱の続く関東で、京都の公家出身ということだけで、力を得ることができたのだろうか？　戦国下剋上の典型とされる北条早雲《ほうじょうそううん》（伊勢氏）にしても、単なる素浪人ではなく、室町幕府の上級役人の家柄であることが最近の研究で確認されていることと考え合わせると、胤業の話は大変不可解だ。

一方で、壬生氏は、宇都宮氏★の一族、横田氏★の出身とする見方もある。『壬生町史』編纂の時に掲示された説だ。横田氏の中に「壬生三郎」と注記される朝業《ともなり》がいること、胤業の「業」が横田氏の通字★であることが理由だ。横田氏出身なら、壬生氏が短期間で宇都宮氏の宿老となるまでが説明しやすい。さらに応永元年（一三九四）に日光山座禅院住持《にっこうさんざぜんいんじゅうじ》★に就任した昌瑜《しょうゆ》★は、壬生氏の出身とされるが、朝業と時代が近く横田氏との関係が考えられている。これらは胤業の壬生下向よりも五十年以前の話となり、すでに壬生を名乗る武家が下野に存在していたことを窺わせる事柄だ。

壬生氏の出自については、壬生官務家説や横田氏説のほか、古代壬生氏の末裔とする説もあるが、いずれも確実な史料はなく、壬生氏の出自を説明する決定打

▼本姓
古代以来の氏族の名。苗字（家名）とは異なる。壬生家の本姓は小槻氏で、屋敷の所在地により壬生家と大宮家に分かれた。

▼地下
公家の家格を示す。室町時代以降、清涼殿殿上間へ昇ること（昇殿）が許された堂上家と許されない地下家に区分された。壬生家は地下家の筆頭であった。

▼宇都宮氏
平安時代末期から戦国時代にかけて下野国に勢力のあった一族。嫡流は宇都宮城（栃木県宇都宮市）を本拠としていた。

▼横田氏
宇都宮氏の庶流。

▼通字
家ごとに代々用いられる文字。徳川将軍家の「家」の字は有名。横田家では「業」、主家の宇都宮家では「綱」が通字。

▼日光山座禅院住持
日光山三六衆坊のひとつ。日光山座主は光明院にいたが、二十四世弁覚が鎌倉大御堂別当兼務となり鎌倉に住したため、座禅院がその留守を預かっていた。三十七世慈玄の退任後は、座主職が中絶。

となれていない。出身の詮索はひとまず措いて、戦国の下野に、突然壬生城を本拠に「壬生」を名乗る勢力が現れ、下野の北西部に勢力を伸ばしていたことは、紛れもない事実だ。初代胤業の登場から五十年あまり。冒頭の『東路のつと』に書き留められた二代綱重の時代には、壬生氏はすでに鹿沼進出を果たし、同書に「綱重子むまご類ひろく栄えたる人」とあるように、壬生・鹿沼周辺地域に地盤を築き、さらに北方の日光山に影響を持つ勢力へと成長していた。

▼昌瑜
第三十八世・三十七代座禅院住持。権別当として、日光山の寺務を掌握した最初の座禅院住持。壬生氏の出身とされる。

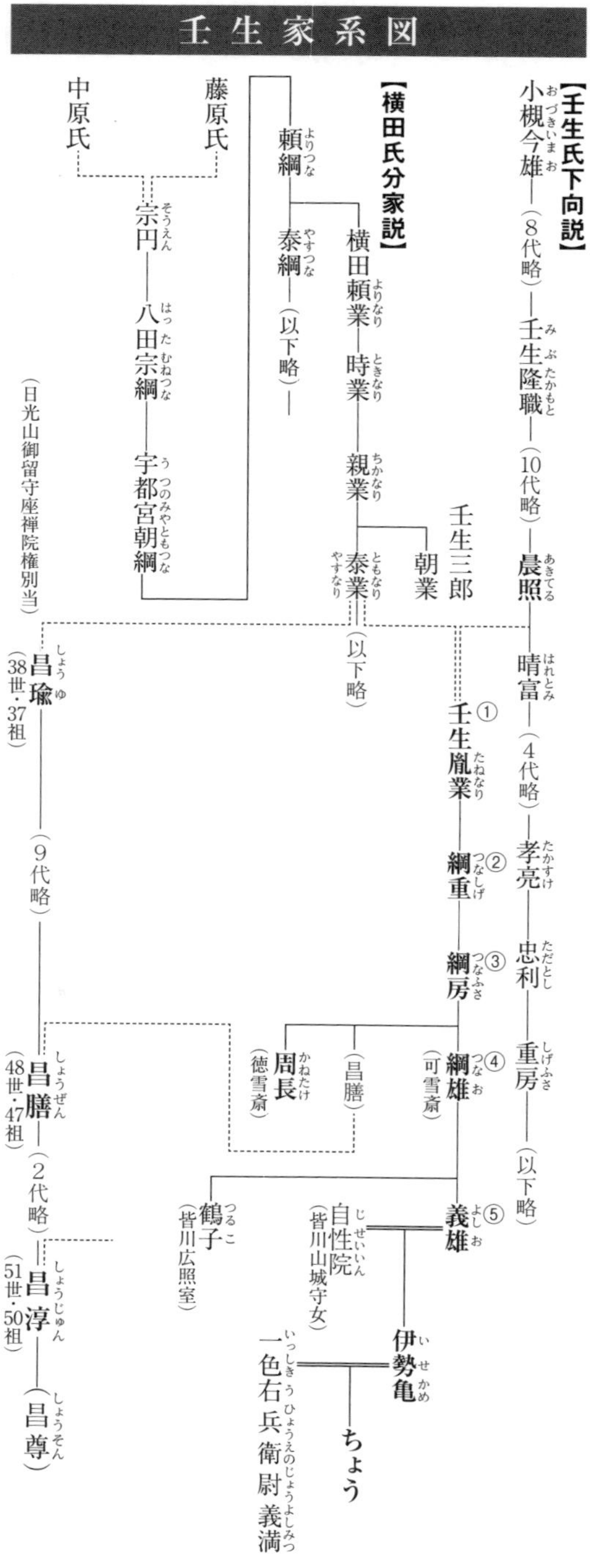

壬生氏の栄枯盛衰

日光山は、勝道上人の開山以来、山岳信仰や天台寺院として、東国一帯の信仰を集めていた大勢力だ。壬生氏の三代綱房は、二男の昌膳が座禅院《ざぜんいん》住持に就任すると、自分は日光山領の村々を支配する惣政所職に就任。聖と俗の支配者として、六六郷といわれる日光山領の村々を壬生氏の勢力に組み込むことで勢力を拡大した。さらに宇都宮氏の内訌を利用しながら勢力を拡大。四代綱雄はその力を背景に宇都宮氏内部でも中心的な立場となっていった。天文十八年（一五四九）那須氏との早乙女坂の戦（栃木県さくら市）で、宇都宮氏第二十代当主尚綱が討死。後継の宇都宮広綱《ひろつな》がまだ幼少だったことから宇都宮氏内部は混乱。その機に乗じて、綱雄は、芳賀・塩谷・那須氏らとともに宇都宮城を占拠。寺社への土地の寄進を始め、周辺の大名たちにも宇都宮城主として振る舞っていく。

ところが、弘治元年（一五五五）壬生氏隆盛の基礎を築いた綱房が死去。芳賀《はが》高定《たかさだ》★の謀殺ともいわれる綱房の急死は、壬生氏の栄華に翳りをもたらした。弘治三年の暮れには、北条氏（あるいは佐竹氏ともいう）の支援を受けた広綱・芳賀高定らの攻撃を受け、綱雄は九年にわたって居座った宇都宮城から追われた。永禄五年（一五六二）には綱雄が急死する。軍記物では、綱雄を弟の徳雪斎《とくせっさい》★が殺害し

▼芳賀高定
下野宇都宮家の重臣。天文十年（一五四一）宇都宮尚綱に背いて誅せられた芳賀高経に代わって、益子勝宗の三男高定が、尚綱の命で芳賀家を継いだ。尚綱の戦没後、遺児広綱を守って、居城真岡城に拠り、主家の再興を図る。宇都宮城を占拠した壬生綱雄の追放や佐竹家との縁組など主家の安定後は、義父高経二男の高継に芳賀家の家督を譲り隠棲した。

▼徳雪斎
下野壬生家四代壬生綱雄の弟とされる武将。近世成立の軍記物では、兄綱雄を今宮神社（栃木県鹿沼市）の大銀杏の陰から暗殺して、壬生家の実権を握ったとされるが俗説。壬生家掌握後は終始、宇都宮勢の一員として主家の意向に沿った行動をした。天正七年（一五七九）に綱雄の長男義雄によって打倒された。

て壬生家を乗っ取ったとしているが、宇都宮広綱による謀殺と見られる。綱雄亡き後の鹿沼城には徳雪斎が入り、綱雄の子義雄は、壬生城に入った。これは、壬生氏の実権を叔父徳雪斎が掌握したことを示すものだ。しかも徳雪斎は、仇敵といえる宇都宮氏の一員として積極的に振る舞う姿が見られる。

一方の義雄の消息がわかるのは天正四年（一五七六）。古河公方へ年賀の使者を送った。古河公方は北条氏の庇護下にあり、義雄は、徳雪斎とは別の動きをしていると見られる。同七年には、徳雪斎を打倒して鹿沼城への入城を果たし、名実とも壬生氏五代目としての地位を確立した。

この時期は、上杉謙信や武田信玄、あるいは北条氏康《ほうじょううじやす》といった下野国外からの勢力の侵攻により、下野国内の領主たちはその対応に右往左往していた。これまで壬生氏は早い時期から北条方だったと考えられていたが、史料上では、天正十二年までは、宇都宮方の一員として北条氏と敵対していたことがわかる。義雄が北条方となったのは天正十三年。これ以後は、反北条氏勢力の宇都宮氏や佐竹氏らにより、たびたび鹿沼城、壬生城、羽生田城などが攻撃を受けていた。

天正十八年、豊臣秀吉の小田原城攻めでは、義雄も小田原城に籠城し、竹浦口《たけうらぐち》を守備した。義雄の近親者として座禅院昌淳《ざぜんいんしょうじゅん》★が留守を預かったと考えられるが、鹿沼城や壬生城には、宇都宮氏・佐竹氏などの反北条方の勢力が攻め寄せ、防戦に追われた。劣勢の中で小田原城開城を迎えるが、義雄が帰国することはなかっ

壬生家歴代の墓（常楽寺）

▼座禅院昌淳
座禅院第五十一世・第五十代住持。壬生家出身。壬生義雄の近親者と見られている。義雄亡き後、伊勢亀とともに壬生家を支えた。

▼皆川広照
戦国時代末期から江戸時代初め、下野皆川城や栃木城（栃木県栃木市）を本拠とした。壬生義雄とは義兄弟。のち徳川家康六男松平忠輝の守役、付家老となり信濃飯山城に移る。忠輝とともに改易となるが、元和九年（一六二三）常陸府中藩（茨城県石岡市）一万石の大名となった。

た。小田原の陣中で死去してしまったからだ。その死は病死とも毒殺ともいう。その日は、七月八日とも籠城から間もない五月とも、開城後の帰国の途中だとも伝わる。義弟の皆川広照《みながわひろてる》★により謀殺されたともいう。六月二十五日付けの戦勝祈願の手紙が残っているが、義雄の死も、また謎である。

いずれにせよ、同年七月の宇都宮仕置によって、壬生氏は改易となり、前田利家らが鹿沼城や壬生城の接収にあたった。壬生氏の領地は、結城城《ゆうきじょう》（茨城県結城市）の結城秀康《ゆうきひでやす》★に与えられ、壬生城や鹿沼城は廃城となった。日光山も壬生氏と同類と見なされ、門前町と足尾を除く六六郷のほとんどを没収された。歴史の表舞台への登場、そして退場の仕方にも謎を残し、壬生氏の時代が終わった。

▼結城秀康
徳川家康の二男。小牧・長久手の戦いの和睦条件のひとつとして、豊臣秀吉の養子になり、徳川家康の関東移封とともに下総結城城主結城晴朝の養子となった。

左遷大名　日根野吉明

結城秀康十万一千石の領内となって十年余、慶長五年（一六〇〇）関ヶ原の戦いが勃発した。壬生では戦乱の影響は皆無であったが、その後の大名の再編は、壬生にとっても大きな影響を及ぼした。壬生城の大名の居城としての復活だ。

結城秀康は、実父が徳川家康であることから、関ヶ原の戦い後間もなく大きく加増され、六十七万石の大々名として越前北ノ庄城（福井県福井市）へ転封となった。秀康の旧領は、数名の大名や旗本、あるいは幕府の直轄地へと変わってい

結城秀康画像写
（東京大学史料編纂所蔵）

った。そのひとつが壬生、というわけだ。新たに壬生城主となったのは日根野《ひねの》吉《よし》明《あきら》。信濃諏訪《すわ》高島《たかしま》城主（長野県諏訪市）から一万石余で壬生に封じられた。吉明はこのとき十六歳。関ヶ原の戦いの直前、父高吉の急死により家督を継いだばかりであった。徳川家との関係でいえば、外様になる。この外様ということが日根野氏にとっては不運であった。この日根野氏が置かれた状況を的確に表した史料があるので紹介しよう。新井白石により記された『藩翰譜《はんかんふ》』★だ

「此の時、一万五千石を賜ふといふ。高嶋の城は諏訪が累代伝領の所なれば彼に賜ふが故に、日根野をば壬生に移されしなり。思ふに此の人、幼くして当家にさする功なければ、所領は減ぜられしなるべし。」

つまりは、当主は若年。徳川家に対して戦功がない日根野氏を相応に処遇した、というわけだ。一見、もっともらしく聞こえるが、実は大きな問題がある。それは、関ヶ原の戦い後の論功行賞の中で徳川家に付いた大名で、唯一、本領を安堵されなかったどころか、大きく減封の上転封させられたということだ。関ヶ原の戦いの最中に寝返っても本領安堵、という大名がいるにもかかわらず、二万八千石から一万石へと三分の一にも減らされてしまったのだ。高吉が精魂を傾けて築いた完成間もない高島城から、十年もの間、廃城となり放置されていた壬生城への転封は、明らかな左遷といえる処遇だ。高吉の出陣直前の急死、そして関ヶ原の戦い遅刻組の徳川秀忠軍の一員であったという不運が重なり、何の戦功も挙げ

▼『藩翰譜』
新井白石が、主君の甲府城主徳川綱豊（のち六代将軍徳川家宣）の命により編纂した諸大名三三七家の由来と事績をまとめたもの。諸家の伝聞を基に白石が主観により編纂したものだが、『徳川実紀』の出典のひとつでもある。のち『藩翰譜続編』が松平定信の命により編纂された。

徳川秀忠画像写
（東京大学史料編纂所蔵）

られなかったのは事実だ。日根野氏は、関ヶ原の戦いでは、会津出兵から徳川方として行動している点から考えると、厳しい処遇だ。新井白石は、諏訪氏を代々の居城に帰すために新参者の日根野氏を移したのだろう、と記しているが、とんだとばっちりといえる。

日本六十余州、大名の総入れ替えが行われている中で、当主が幼少であることと戦功のないことを理由に所領を削られた大名の移封された先、それが壬生藩だ。こうして、左遷大名の行き先として「壬生藩」の歴史は幕を開けた。

江戸時代藩主変遷系図

信濃・高嶋藩 ― **日根野吉明**《ひねのよしあきら》 ― 豊後・府内藩
＝
下総国内 ― **阿部忠秋**《あべただあき》 ― 武蔵・忍藩
＝
下総国内 ― **三浦正次**《みうらまさつぐ》・安次《やすつぐ》・明敬《あきひろ》 ― 日向・延岡藩
＝
摂津・河内国内 ― **松平輝貞**《まつだいらてるさだ》 ― 上野・高崎藩
＝
近江・水口藩 ― **加藤明英**《かとうあきひで》・嘉矩《よしのり》 ― 近江・水口藩
＝
近江・水口藩 ― **鳥居忠英**《とりいただてる》・忠瞭《ただあきら》・忠意《ただおき》・忠燾《ただてる》・忠威《ただあきら》・忠挙《ただひろ》・忠宝《ただとみ》・忠文《ただぶみ》 ― 廃藩置県

②左遷大名から出世大名の居城へ

外様の日根野吉明に代わり、譜代の阿部忠秋と三浦正次が、相次いで壬生城主になった。

三代将軍家光の側近の二人は、一城の主としては、ここ壬生城が初めてだった。

「六人衆」のちに若年寄と呼ばれる重職を担い、阿部忠秋は老中へと出世していく……。

〝初めての城主〟阿部忠秋と三浦正次

寛永十一年（一六三四）七月、日根野吉明は、在封三十三年で一万石余を加増されて、二万石で豊後国府内藩（大分県大分市）へ転封となった。約一年の空白期間★の後、壬生藩主となったのは阿部忠秋《あべただあき》。翌十二年六月のことだ。四年後の同十六年一月には三浦正次《みうらまさつぐ》というように、藩主の交代が続いた。この二人は、ともに二万五千石で壬生に封じられたが、九歳で三代将軍家光の小姓となったことや小姓組番頭を経て六人衆★となったこと。そして壬生城が初めて城主となった城であったという共通点がある。

阿部忠秋は、慶長七年（一六〇二）阿部忠吉《ただよし》の二男として生まれた。兄の惣太郎某は早世していたため、忠秋が嫡男であった。同じ六人衆の阿部重次《しげつぐ》は従兄弟

▼約一年の空白期間
藩主が日根野吉明から阿部忠秋に代わる寛永十一年七月三一日から翌十二年六月二十日までの一年間、壬生城には、下野に居所のあった旗本、岡本義保（三千八百石）と福原資盛（四千五百石）が城番を勤めた。

▼六人衆
三代将軍徳川家光の時に置かれた職。のちの若年寄に相当する。

にあたる。九歳で家光の小姓、寛永十年三月に六人衆、翌々月の五月には老中となった。同十二年の壬生入封時は三十八歳。壬生入封から三年半後の同十六年一月には、二万五千石の加増、つまり壬生よりも二倍の所領高で武蔵忍《おし》藩（埼玉県行田市）に転封となった。三年半の治世で伝わっている壬生藩主として業績は、旧領主壬生義雄の娘「後室様」の赤塚村での屋敷地安堵の継続を認めたことだ。

徳川家光画像写
（東京大学史料編纂所蔵）

初城主就任の視点で見る六人衆一覧

氏名	生年（西暦）	没年（西暦）	年齢	初城主年（西暦）	年齢	国・城名 石高（石）	最終ポスト	国・城名 石高（石）	由緒・特記事項
松平《まつだいら》信綱《のぶつな》	慶長元年（一五九六）	寛文二年（一六六二）	67	寛永十年（一六三三）	37	武蔵・忍 三万	老中	武蔵・川越 六万	大河内久綱の長男。のち叔父松平正綱の養子
阿部《あべ》忠秋《ただあき》	慶長七年（一六〇二）	延宝三年（一六七五）	74	寛永十年（一六三三）	31	下野・壬生 二万五千	老中	武蔵・忍 八万	阿部忠吉の二男（長男夭折のため嫡男）
堀田《ほった》正盛《まさもり》	慶長十三年（一六〇九）	慶安四年（一六五一）	44	寛永十二年（一六三五）	27	武蔵・川越 三万五千	老中	下総・佐倉 十一万	堀田正吉の長男 将軍家光に殉死
三浦《みうら》正次《まさつぐ》	慶長四年（一五九九）	寛永十八年（一六四一）	43	寛永十六年（一六三九）	40	下野・壬生 二万五千	六人衆（若年寄）	下野・壬生 二万五千	三浦正重の長男
太田《おおた》資宗《すけむね》	慶長五年（一六〇〇）	延宝八年（一六八〇）	81	寛永十二年（一六三五）	36	下野・山川 一万五千六百	六人衆（若年寄）	遠江・浜松 三万五千	太田重正の二男 寛永諸家系図伝の奉行
阿部《あべ》重次《しげつぐ》	慶長三年（一五九八）	慶安四年（一六五一）	54	寛永十五年（一六三八）	41	武蔵・岩槻 五万九千	老中	武蔵・岩槻 九万九千	阿部正次の二男。兄の没後宗家相続。将軍家光に殉死

（出典・記載順は『大猷院御実記』の順による）

　三浦正次は、慶長四年三浦正重《まさしげ》の長男として生まれた。同十二年家康・秀忠に拝謁して、家光の小姓になった。四年後に「土井甚太郎」と改名。長じて元和九年（一六二三）二月に三浦に復姓。同年七月の志摩守叙任とともに本姓を平氏から源氏に改めている。一連の改名・改姓は、いずれも将軍秀忠の命によるものだ。秀忠・家光の上洛や日光社参への供奉や各所への使者などを務めたのち、寛永十年三月に六人衆となった。同十五年の島原の乱では督戦の使者として島原に赴き、三月二十八日の原城落城を見届けて江戸に復命している。

　同十六年一月十四日、一万石の加増を受け二万五千石で壬生藩主となった。翌十七年四月、日光社参の帰途、壬生城で家光をもてなしたことが、壬生藩主として伝わる唯一の事績だ。翌十八年十月二十七日に四十三歳で死去。次の藩主は、長男の亀千代、のちの安次《やすつぐ》が相続することとなった。

　六人衆を比較すると正次は、二番目に出世が遅く最も早く死去した。不運な状況といえるが、六人衆の二人までもが相次いで封じられた壬生藩にとっては、壬生藩の歴史を語る上では特筆される出来事だ。左遷大名の行き先だった壬生藩の位置付けが大きく変わったことを意味しているからだ。その理由については、後で詳しく述べることとして、三浦氏のその後を見ていこう。

凡庸だった？　三浦安次

寛永十八年（一六四一）に三浦正次の跡を継いだ安次は、わずか九歳。父が家光の小姓となった年齢と同じ歳だ。相続と同時に、弟の共次《ともつぐ》に五千石を分封したため、壬生藩は二万石となった。三浦氏三代の中で、最も長い四十一年という藩主の在位期間は、歴代藩主の中でも、二番目に長いが、幕閣に名を連ねることはなく、一大名として生涯を終えている。しかも、志摩守への叙任も慶安元年（一六四八）三十四歳のとき。安次の事績を『寛政重修諸家譜《かんせいちょうしゅうしょかふ》』に見ると、二度の日光社参の宿城関連の記事が半分を占め、安次個人のエピソードは皆無だ。

そんな安次の人となりを示している史料に『土芥寇讎記《どかいこうしゅうき》』★がある。

「安次ハ、文武ヲ学ビ心掛アリシ。然ドモ、行跡ハ不宜。甚ダ美女ヲ愛シ、或ハ忍ビテ悪所へ通ヒ、且ツ又古筆数寄、道具ヲ好テ、弊多カリシ」

というように、文武の心がけはあるものの、その行跡は宜しからず、という。美女を愛しそれも悪所に通うという藩主としてはあるまじき姿だ。骨董趣味で浪費しているとも記されている。その評価は「智アリトモ愚トスベシ」と手厳しい。

そんな藩主としての評価が、在位年数の長さに比べ、藩主としての事績の少なさにつながっていったものであろう。

▼『土芥寇讎記』
江戸時代に書かれた大名評判記のひとつ。元禄三年（一六九〇）時点での各藩の藩主（当主とその祖父まで）や領内の統治の状況を記す。儒教に基づいた価値観により、全体的に辛口な評価が多い。歴代の壬生藩主では、阿部忠秋、三浦安次・明敬（直次）、加藤明英、鳥居忠英を記している。

直次？　明敬？　三浦家の三代目

突然だが、藩主の名前、正しくは諱《いみな》は、我々の名前のように日常的に使うものではないことをご存じだろうか。対外的には、官途名あるいは受領名、壬生藩の例では、日根野織部正《おりべのかみ》とか阿部豊後守《ぶんごのかみ》のように表記される。けっして日根野吉明とか阿部忠秋とは書かない。まして、どう読んだのか、系譜にある以外は確認しようがないのだ。

なぜこのような話題に触れたのか？　実は、『寛政重修諸家譜』をはじめほとんどの史料では、三浦家の三代目は明敬《あきひろ》だ。ほかの諱は記されていない。ところが、明敬が当時藩主だった壬生や延岡に残る史料の中には、明敬とは異なる名前が残っている。それが直次だ。正次—安次と続く三浦家の当主の名前として、直次は自然な流れである。むしろ、明敬の方が違和感があるくらいだ。全く伝来系統が異なる史料で、ほぼ同じ時期に同じ名前を記している。中央で編まれた史料には記載がないが、在地の史料にはある。唯一、『藩翰譜続編』の系図には、「明敬　初直次」とあることから、直次から明敬に改名したと考えられる。その理由は…。残念だが、明確な根拠を見つけることはできなかった。

前置きが長くなったが、明敬は、万治元年（一六五八）安次の長男として生まれた。将軍への御目見は寛文八年（一六六八）三月十一歳の時だ。同十二年十二月、十五歳で家督相続の前に壱岐守《いきのかみ》に叙任された。父安次より十二年早い。三浦家の三代目となるのは二十六歳、天和二年（一六八二）十一月のことだ。翌年の十一月には奏者番★に任じられた。奏者番は、三浦家クラスの大名の出世コースのスタートラインとされる役職だ。翌四年九月、将軍への拝謁者披露で失態があったが、数日で許される。元禄二年（一六八九）二月に若年寄へと昇進したのも束の間、五月には再び奏者番に戻った。祖父と同じ若年寄まで昇進したものの、三カ月で奏者番に逆戻り。そのまま享保八年（一七二三）まで奏者番を務めた。三十四年間、六十六歳まで奏者番のままという経歴は、明敬の大きな特徴でもある。もっとも、元禄五年二月には日向延岡藩（宮崎県延岡市）に三千石加増されて転封となるので、壬生藩主としての奏者番在任は、初めの三年間だけだ。

初代正次・安次・明敬という三代五十四年にわたる三浦家が藩主の時代は、寛永から元禄という江戸時代を通じても安定した時期と重なる。三浦家の事績として、「峰《みね》の堀切《ほっきり》」★が伝わる。領内を南流する黒川の流路整理を行ったものだ。

一方で、安次の時代、承応二年（一六五三）二月には大火があり、壬生城下は城もろとも全焼という大災害に見舞われてもいるその復興の過程で現代に続く城下町が造られていくが、詳しくは第二章で触れてみたい。

▼奏者番
江戸幕府の役職のひとつ。年始や五節句など大名や旗本が将軍に謁見するときに、姓名や進物の披露と下賜物の伝達の取次をする役目。万治元年（一六五八）からは奏者番の一部が寺社奉行も兼ねた。

▼峰の堀切
江戸時代初期に行われた黒川の流路整理。洪水対策として上稲葉村と羽生田村（ともに栃木県壬生町）の境界にあった峰山を掘り切って、黒川の流路を峰山の東側に付け替えたとされる。

③ 五代将軍綱吉に引き立てられた藩主たち

犬公方の悪名高い五代将軍徳川綱吉だが、人材登用で元禄の繁栄を支えた将軍でもある。元禄時代の壬生藩主、松平輝貞と加藤明英は、綱吉の恩寵で幕府の要職に就いた。将軍の恩寵は諸刃の剣。家宣への将軍代替わりには、落とし穴が待っていた。

綱吉の近習から大名へ――松平輝貞

三浦明敬の後、相次いで藩主となった松平輝貞《まつだいらてるさだ》と加藤明英《かとうあきひで》。この時の将軍は五代徳川綱吉だ。綱吉は、「生類憐れみの令」を出し、とくに犬を大切にしたことから「犬公方」と呼ばれることが先行して、後世の評価はあまり良くない。しかし、最近の研究では、前半の儒学を中心に据えた文治政治は、戦国から続いた殺伐とした世の中を穏やかなものへと転換させたものとして、再評価されている。その中でこの二人は、綱吉の人材登用策の恩恵を蒙った藩主たちだ。

松平輝貞は、寛文五年（一六六五）生まれ。阿部忠秋・三浦正次とともに六人衆であった松平信綱《のぶつな》の孫になる。寛文十二年二月九日、九歳で父輝綱《てるつな》が亡くなると六男であった輝貞は五千石を分封された。延宝三年（一六七五）十月七日家綱に拝謁ののち綱吉に仕えた。元禄元年（一六八八）五月二十二日、中奥の小姓を経て翌二年五月十八日御側となる。同年十二月七日には従五位下右《う》京亮《きょうのすけ》に叙任される。所領も加増され、七千石となっていた。同三年七月には、綱吉の将軍就任後の目玉事業ともいえる湯島聖堂の建設工事での総督に任じられた。竣工後は工事への尽力に対して綱吉から褒美が与えられた。『寛政重修諸家譜』にはその後もしばしば賜り物があったと記されており、綱吉と昵懇な様子が窺える。そのひとつが、同四年九月二十五日、叔父信興《のぶおき》の養嗣子を命じられたことだ。

信興は、若年寄を務めていた常陸土浦藩主から大坂城代を経て京都所司代になるが、その在任中に死去。実子はなく、兄信定の三男斐章《あやあき》を養嗣子として迎え、将軍への拝謁も済ましていたが、病弱を理由に離縁。後嗣を決めないままの死去であった。家中などからも家名存続の運動もなかったので絶家となるところを綱吉の命により甥の松平輝貞が跡継として家名を存続させた経緯がある。

翌五年二月二十三日、いよいよ壬生藩主となる。輝貞はこのとき二十八歳。実は、輝貞も城主としては壬生城が初めてなので、阿部・三浦・松平と三家続いて壬生城が初めて城主となった城、ということになる。壬生藩主となった翌六年一月七日には御側、同七年八月二十七日には柳沢吉保《やなぎさわよしやす》と同じ御側御用人となり、同時に一万石加増され四万二千石となった。十二月九日には官位も従四位下右《う》京大夫《きょうだゆう》となった。翌八年二月二十一日には、綱吉の御成を迎えるため、江戸屋

柳沢吉保画像写
（東京大学史料編纂所蔵）

敷の北側に屋敷地が下賜され、五月十日に初めての御成があった。その席で綱吉から直々に一万石の加増と上野国高崎藩への転封が命じられたため、壬生藩を去ることとなった。わずか三年余の壬生藩主であった。

松平輝貞の時代の藩政を物語る史料は見いだせない。幕閣での出世や城の大改修（第二章で触れる）が、三年余の壬生藩主としての輝貞の実績といえよう。

外様大名から若年寄へ――加藤明英

元禄八年（一六九五）五月若年寄の加藤明英が近江水口藩主から二万五千石で壬生藩主となった。明英はこのとき四十四歳。江戸時代の大名家で加藤家は、「賤ヶ岳七本槍《しずがたけしちほんやり》」の一人として知られた加藤嘉明《かとうよしあきら》（明英の家系）、加藤清正《かとうきよまさ》（肥後熊本藩主・子の忠広の代で改易）、そして加藤貞泰《かとうさだやす》（伊予大洲《おおず》藩主・同新谷《にいや》藩主。明治まで存続）の三家だ。いずれも豊臣秀吉の家臣でのちに徳川家に臣従した外様大名だ。

嘉明の父教明は、三河国の一向一揆に荷担し家康に刃向かった。一揆鎮圧後は浪々ののち秀吉に仕えた。嘉明も秀吉子飼いの部将として戦功を挙げたが、秀吉の没後は反石田三成派の一人として徳川家康に付いた。以来将軍家からの信任が厚く、伊予松山藩二十万石から陸奥会津藩四十万石へと移封。子の明成のとき、

徳川家康画像写
（東京大学史料編纂所蔵）

家老の堀主水《ほりもんど》一積《かずもち》との確執からお家騒動が勃発。明成は封地を返還するが、先代嘉明の勲功が考慮されて明成の子明友が石見吉永《いわみよしなが》藩一万石で大名として命脈を保った。天和二年（一六八二）六月には二万石に加増、近江水口藩主となっていた。

明英は、承応元年（一六五二）七月二十九日加藤明友の長男として誕生。寛文五年（一六六五）十一月七日四代将軍家綱に拝謁。貞享元年（一六八四）二月十二日家督相続し、翌二年十二月二十八日従五位下佐渡守に叙任された。同年八月には奏者番兼寺社奉行、翌三年には若年寄という幕府の要職に任じられた。

それまで外様大名が幕閣の一員となることはなかった。当然、外様の加藤家では奏者番や若年寄にはなれない家柄である。明英がそこに任じられた背景は、五代将軍徳川綱吉の従来からの枠にとらわれない人材登用にあった。微禄な家の出身者、あるいは外様大名などこれまで役職に就けない家柄の者の登用の例として、のちに勘定奉行として金銀改鋳を中心で行った荻原重秀《おぎわらしげひで》は百五十俵の切米取りの旗本出身であり、綱吉の右腕として老中を凌ぐ権勢を得た柳沢吉保は、綱吉が館林藩主となる際に、家臣として幕府から付された旗本の子息だ。

同じ時期に登用された外様大名には、陸奥八戸《はちのへ》藩主南部《なんぶ》直政《なおまさ》（青森県八戸市。貞享四年奥詰のち側用人。翌年辞職）陸奥一関藩主田村建顕《たけあき》（岩手県一関市。元禄四年奥詰、翌五年奏者番）土佐中村藩主山内豊明《やまうちとよあきら》（高知県中村市。元禄二年奥詰、若年寄。三カ月で辞職）肥前平戸《ひぜんひらど》藩主松浦棟《まつらたかし》（長崎県平戸市。元禄四年奏者番兼寺社奉行。同七

年辞職）などがいる。平戸藩の六万三千石以外は、三万石程度の大名であった。

若年寄としての明英の事績は、同八年八月十一日に、金銀改鋳の責任者として老中阿部正武《まさたけ》とともに惣督に任じられた。同十一年二月十四日若年寄の職務分掌が定められ、明英は刀剣並びに猿楽★および生類の担当となった。同年十二月二十一日には、金銀改鋳が無事済んだことから時服五枚を下賜された。金銀改鋳や生類憐れみの令という、綱吉の根本の政策での責任者の一人に任じられたことは、明英が綱吉に重用されていたことを物語っている。

明英の人柄を『土芥寇讎記』に見ると、「明英文武を学び、礼儀を正し、行跡寛然として、謙譲を守り、奪うことなく、家民を哀れみ、才智理弁にして、誉れ有る将也」とあり、辛口な評価の多い同書には珍しく「良将」というべきとある。

若年寄としても藩主としても、公人としての明英は、順調な人生を歩んでいた。

個人としては、実子に恵まれず、養子とした弟明治《あきはる》にも正徳元年（一七一一）十二月二日に先立たれた。その間、貞享四年（一六八七）には、越後新発田《しばた》藩の支藩、沢海《そうみ》藩主（新潟県新発田市）溝口家の養子となっていた弟政親が乱心により改易。政親の身柄は、明英が引き取っていたことなど、家族には恵まれなかった。

▼猿楽
平安時代に成立した芸能のひとつ。鎌倉時代には、重厚な歌舞を重視した能と軽妙な台詞を重視した狂言とに分かれた。

将軍の代替わり　保身に失敗⁉

明英が外様大名出身の若年寄として十五年目を迎えた宝永元年（一七〇四）、綱吉は、嫡男の鶴松の逝去以降子宝に恵まれなかったことから、兄徳川綱重《つなしげ》の長男家宣《いえのぶ》を世嗣と定めた。正式な発表を翌日に控えた十二月四日夜、明英に起こったちょっとした事件が『文昭院殿御実紀』に書かれている。出典は室鳩巣《むろきゅうそう》の『兼山麗沢秘策』。「綱吉の世嗣が公となる前夜、加藤明英の使者が家宣の屋敷を訪れ、西の丸御殿の間取り図と鯛を持参した。というものだ。これに対して、家宣が「内々での決定の段階で御殿の間取り図という城の機密を持ち出した上、個人的な贈り物をしてくるとは、明英は正直者と聞いていたが、とんでもない追従者だ」と立腹し、段々と明英を遠ざけるようになったため、これを察知した明英は若年寄の勤めにも身が入らず、ついには発狂して死んでしまった」というものだ。

本当だろうか？　明英が西の丸御殿の間取り図を贈ったとされる年から、家宣が将軍となった同六年五月一日までは五年半ある。そこから若年寄を辞任する正徳元年（一七一一）十一月二十二日までは二年間。それから発狂して死去、とされる翌二年一月二日までは十日あまり、となる。もし事実なら、少なくとも家宣の将軍就任後の二年間は、主君に疎まれて悶々とした晩年ということになる。

明英の死後、家督相続した孫嘉矩《よしのり》（明治の長男）は、同二年二月二十三日には近江水口藩への転封を命じられており、壬生藩主の加藤家は、実質的には、明英一代だ。十八年間の加藤家の藩政の中で最大の出来事、それは「七色掛物騒《なないろかかりものそう》

水口城

動《どう》★」だ。藩主による年貢徴収の増加に原因があったという越訴事件だ。明治時代の『東洋義人百家伝★』で語られているものが広く知られているが、そこに描かれた明英は、水口藩主時代の人物評とは正反対、冷酷な搾取者だ。明英が藩主であった元禄から宝永年間は、富士山の噴火をはじめ、天変地異による気候変動による不作が続いていた。実はこれが経済を悪化させた原因だが、自らが責任者の一人として進めた金銀改鋳の影響とする説は根強い。先の松平輝貞が藩主の時代、幕府内での出世と壬生城大改修にと余分な出費があったことは十分考えられる。つまり、越訴事件の種を蒔いたのは、松平輝貞の時代ということができる。年貢増収策とされる七色の掛物が具体的にいつから始められたのか、同時代の史料はなく、伝承の域を出ていない。今後の研究の進展が待たれる事柄のひとつだ。

その松平輝貞も、とくに職務上の失態等は伝わっていないが、綱吉の死後は側用人を免じられた。さらに翌年の宝永七年五月二十三日には、高崎藩から越後国村上藩（新潟県村上市）へと移され、その後には家宣の側近出身の側用人間部詮《まなべあき》房《ふさ》が入る、という憂き目を見た。松平輝貞と加藤明英、ともに綱吉の恩寵を受けた二人は、家宣の代になると途端に冷遇されることとなった。

▼七色掛物騒動
元禄時代に壬生藩領内で起こった越訴事件。

▼『東洋義人百家伝』
明治十七年（一八八四）、自由民権運動家の小室信介によってまとめられた各地の「義人」の伝記。第三帙で七色掛物騒動の首謀者、石井伊左衛門、神長（賀長）市兵衛、須鎌作次郎（須釜作十郎）の三人を取り上げた。七色掛物騒動の経緯を記す唯一の書。

惣代八幡社（下稲葉加島神社）
石井伊左衛門を祭る社

④

壬生藩領の村々

現代の壬生町よりも広大な地域を支配した壬生藩。
その領地は、下野国外に下総国さらには関西地方にまで分布していた。
壬生藩がどんな村々で構成されていたのか、明らかにする。

城付領——壬生城の周囲の領地

壬生藩主は、六家十五代に及ぶが、壬生藩の石高は、日根野氏の一万石余から松平輝貞の四万二千石まで一定ではない。石高の違いは、領分と呼ばれた藩領となった村の構成による。三四頁の表は、歴代将軍の朱印状を中心に藩領の分布をまとめたものだ。日根野・阿部・松平の諸家の時代は、朱印状と領知目録が確認できていないため、『寛政重修諸家譜』の記載による。これを見ると、下野国以外の多くの地域にも藩領が分布していることがわかる。大別すると下野国内、関東地方そして関西地方の三部構成になっている。

下野国内の藩領は、中世壬生氏以来、壬生領として受け継がれてきた都賀郡《つがぐん》内の村々が中心だ。松平輝貞のときに河内郡《かわちぐん》にも見られるが一時的なものだ。その分布は、壬生城の周りを囲むように城と隣接。「城付領」といわれる壬生藩領の中核となる村々だ。日根野吉明、阿部忠秋の時代、『寛政重修諸家譜』に記された「都賀郡で一万九百石」、これが城付領の基本と考えられる。それ以降の諸家は、日根野・阿部時代の村に追加あるいは変更される形で城付領が形成されていった。

時代が下るにつれて城付領にも変化が見られる。日光街道の小金井宿《こがねいじゅく》（下野市）や壬生氏の重要な支城があった羽生田村《はにゅうだむら》（壬生町）は幕府領を経て佐倉《さくら》藩領となっている。壬生通の楡木《にれぎ》（鹿沼市）・奈佐原《なさはら》（鹿沼市）の両宿も元禄時代には幕府領に替わっている。

享保十九年（一七三四）には村替えがあり、都賀郡で十カ村増えている。新たな村は、現代の行政区画では栃木市や小山市など、従来からの城付領とは少し隔てられた所の村々だ。山川領での減少分を差し引いても実質的には加増となるが、朱印状に記載された石高は、あくまで「高三万石」だ。

鳥居家三代の忠意は、十一代将軍徳川家斉《いえなり》の下で老中に任じられていた。天明八年（一七八八）の宛行状には、家斉の朱印ではなく、より格上の相手に使われる花押が据えられている。官位が従四位下であったことによるもので、宛名も「鳥居丹波守」ではなく「壬生侍従」。壬生藩主では唯一の将軍の判物状《はんもつじょう》★だ。

▼**判物状**
将軍から各大名に発給された文書のうち、花押が据えられた文書。領知の宛行状には通常、将軍の諱が彫られた朱印が押される（朱印状）。石高が十万石以上、あるいは官位が従四位下・侍従の場合は、朱印に代わり花押が据えられた。さらに三位・中将以上には、将軍の諱が記された下に花押が据えられた。これら花押が据えられた書状を判物状という。

山川領――茨城県にあった飛び地

関東での壬生藩領は、短期間では阿部忠秋の時代に上野《こうずけ》（群馬県）や武蔵、三浦正次のときに上総《かずさ》国内にもあったが、三浦安次以降は、下総《しもうさ》（千葉県と茨城県）の北部、結城・猿嶋・葛飾《かつしか》三郡に分布していた。この地域は、戦国時代までは結城氏の一族であった山川氏の領地であったことから、山川領と呼ばれていた。江戸時代を通じて、壬生藩でも下総国内の藩領を示す呼び方として定着した。

山川領の異同を見ると、結城郡では、寛文四年（一六六四）の十五カ村が、正徳二年（一七一二）には十九カ村、享保十九年（一七三四）には十四カ村へと変動がある。猿嶋郡で享保十九年に一カ村増となった。享保十九年に新たに藩領となった下野国都賀郡の三カ村、野田・武井村・和泉新田は、領知目録上は都賀郡となっているが、実際には、山川領に属する村として扱われていた。

山川領は三浦家の時に七千石、鳥居家の時代には九千石と全藩領の三分の一を占めた。山川新宿村にあった旧山川（綾戸）城（茨城県結城市）の一画に陣屋を置き、山川領の支配を行っていた。鳥居氏の時代は、郡奉行の支配のもと、代官や郡方小頭・山方小頭が置かれ、代官以下が陣屋に詰めた。山川領では、江戸時代末期に独自に農村振興のための施策が実施された（第三章で詳しく触れる）。

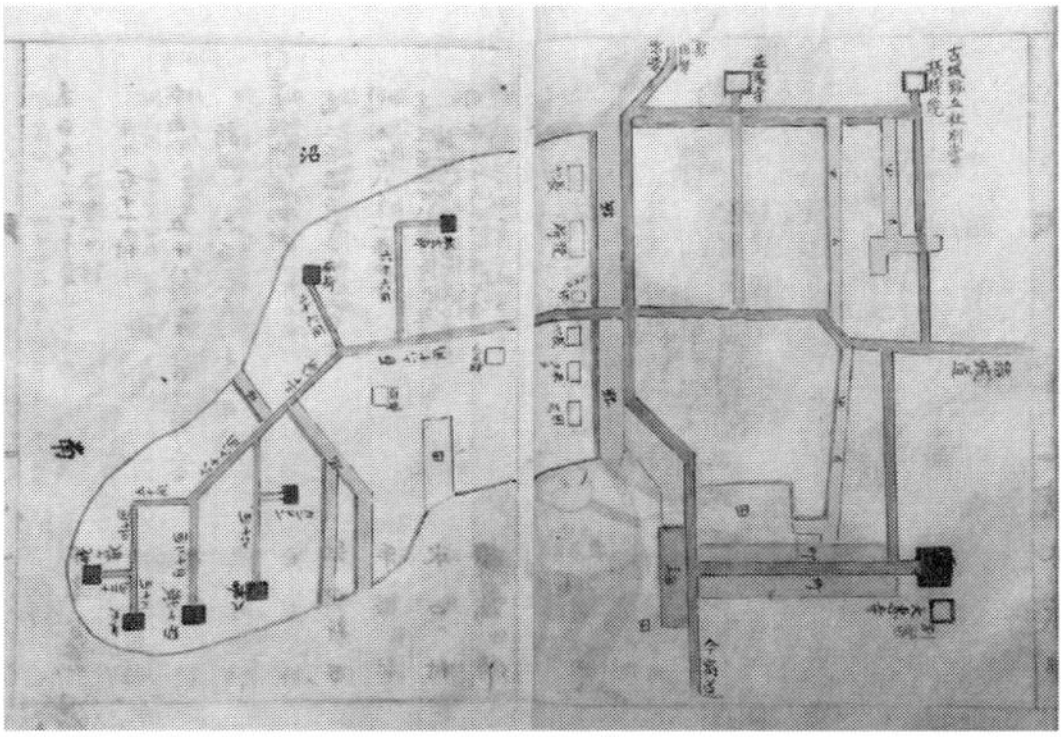

山川陣屋の図（『壬生領史略』）

上方にも存在した壬生藩領

壬生藩領は、関西地方にも存在した。松平輝貞のときに摂津（現大阪府・兵庫県）住吉郡と河内国（現大阪府）若江・河内両郡。加藤明英のときに大和国葛下・広瀬・十市三郡。鳥居忠英からは大和葛下郡と播磨美嚢《みのう》・加東《かとう》両郡に存在した。摂津・河内両国の藩領は、松平輝貞の転封とともに壬生藩領を離れている。加藤氏時代から鳥居氏時代にわたる大和葛下郡の藩領のうち、染野・鎌田・野口・池田

鳥居						
忠意				忠挙	忠宝	
延享3 (1746)	寛延4 (1751)	宝暦11 (1761)	天明8 (1788)	天保10 (1839)	安政7 (1860)	明治元 (1868)
38	39	39	39	39	39	39
−	−	−	−	−	−	−
−	−	−	−	−	−	−
−	−	−	−	−	−	−
14	14	14	14	14	14	14
4	4	4	4	4	4	4
1	1	1	1	1	1	1
−	−	−	−	−	−	−
−	−	−	−	−	−	−
−	−	−	−	−	−	−
−	−	−	−	−	−	−
4	4	4	4	4	4	4
−	−	−	−	−	−	−
−	−	−	−	−	−	−
−	−	−	−	−	−	−
−	−	−	−	−	−	−
−	−	−	−	−	−	−
24	24	24	24	24	24	25
4	4	4	4	4	4	4
家重	家重	家治	家斉	家慶	家茂	−
−	−	−	−	−	−	−
−	−	−	−	−	−	※2

壬生藩領の変遷

藩主名		日根野 吉明	阿部 忠秋	三浦 正次	安次	松平 輝貞	加藤 明英		忠英	忠瞭	
国	郡名 ＼ 年号（西暦）	慶長7 (1602)	寛永12 (1635)	寛永16 (1639)	寛文4 (1664)	元禄5 (1692)	元禄8 (1695)	元禄12 (1699)	正徳2 (1712)	享保2 (1717)	元文2 (1737
下野	都賀	○	○	○	27	○	25	27	28	28	38
	河内	－	－	－	－	○	－	－	－	－	－
上野	新田	－	○	－	－	－	－	－	－	－	－
	甘楽	－	○	－	－	－	－	－	－	－	－
下総	結城	－	－	－	15	○	15	15	19	19	14
	猿嶋	－	－	○	4	○	3	3	3	3	4
	葛飾	－	－	－	－	－	1	1	1	1	1
	香取	－	－	○	－	－	－	－	－	－	－
武蔵	埼玉	－	○	－	－	－	－	－	－	－	－
	賀美	－	○	－	－	－	－	－	－	－	－
上総国之内		－	－	○	－	－	－	－	－	－	－
大和	葛下	－	－	－	－	－	7	9	4	4	4
	広瀬	－	－	－	－	－	1	1	－	－	－
	十市	－	－	－	－	－	3	4	－	－	－
摂津	住吉	－	－	－	－	○	－	－	－	－	－
河内	若江	－	－	－	－	○	－	－	－	－	－
	河内	－	－	－	－	○	－	－	－	－	－
播磨	美嚢	－	－	－	－	－	－	－	24	24	24
	加東	－	－	－	－	－	－	－	4	4	4
出典	将軍朱印状	－	－	－	家綱	－	－	－	家宣	吉宗	吉宗
	寛政重修諸家譜	○	○	○	－	○	－	－	－	－	－
	その他	－	－	－	－	－	※1	※1	－	－	－

出典：※1「御系譜　上」（甲賀市立水口歴史民俗資料館蔵「加藤家文書」）
　　　※2『旧高田領取調帳』

村の四カ村が、加藤明英以来の壬生藩領で他の村々は、加藤家の水口転封とともに、幕府領となっている。

播磨国の藩領は、正徳二年（一七一二）、鳥居忠英の壬生入封とともに藩領となった村々だ。吉川谷領《よかわだにりょう》と呼ばれた。美嚢郡で二四カ村、加東郡で四カ村が明治維新まで壬生藩領として続いた。吉川谷領の村々で産する米は、「鳥居米」と呼ばれ、酒造りに適した米として今でいうブランド米となっていた。（第三章参照）大坂の堂島《どうじま》（大阪府北区）、のち下福島村（大阪市福島区）には、「蔵屋敷」が設置され、上方領の支配にあたった。用人留守居役兼帯郡奉行や代官等が派遣されていた。播磨国では美嚢郡東畑村（三木市東田）の清伝寺（明治に廃寺）に陣屋が置かれたというが、詳細は未解明だ。

「浪速名所図会　堂じま米あきない」
（国立国会図書館蔵）

⑤

歴代藩主の江戸屋敷

江戸屋敷は藩主の参勤交代における江戸での宿所だった。江戸在府が義務付けられていた正室やお世継ぎだけでなく、藩主にとっても生活の場であった。そこは、江戸家老以下、国元を離れて壬生藩江戸出張所としての仕事に携わる多くの家臣も暮らしていた。

大名家や役職で変わる上屋敷

各大名家は、将軍のお膝元の江戸に屋敷を構えていた。参勤交代での宿所、江戸在府が義務付けられていた正室や世嗣の居住の場。そして藩の江戸出張所として機能していた。御殿をはじめ様々な建物が建てられ、江戸家老以下、多くの藩士が国元を離れて藩の仕事に携わり、屋敷内で生活していた。

江戸屋敷は、その用途から三種に大別される。藩の公邸としての上屋敷。上屋敷の控えの中屋敷。藩主の私邸といえる下屋敷の三種だ。屋敷地は幕府から拝領だが藩領と同様に大名の私有ではなく、幕府側の都合で屋敷替が行われていた。

壬生藩の江戸屋敷については、本節の最後（四二頁～四三頁）に、上屋敷、中屋敷、下屋敷ごとの一覧表を掲示した。屋敷の存続期間、所在地、屋敷の面積とと

三番町屋敷跡
三代の藩主、約六十年間、上屋敷があった所。左奥は靖国神社

もに現在の町丁名や屋敷地の現状も記している。

日根野吉明がいつ上屋敷を拝領したのかは不明だが、慶長十一年（一六〇六）には鍛冶橋《かじばし》門内に確認できる。この屋敷は、日根野家が改易となるまで上屋敷として続いていた。現在の東京駅南側から東京フォーラムの北方あたりとなる。

阿部忠秋の時代は、和田倉《わだくら》門内にあった。皇居外苑の和田倉橋を渡った袂《たもと》になる。壬生藩主となる以前、遅くとも寛永十年（一六三三）には拝領となった。当時は「御広間三間梁ニ壱間半ノ入頬十三間金ノ張付、御書院八十五間、御台所五間梁ノ由ナリ」を主要部とする殿舎があった。

三浦家三代では、正次が寛永六年（一六二九）に拝領した一橋御門外堀端の屋敷が元禄二年（一六八九）まで続く。三代明敬の時に屋敷地が火除け地（三番火除地）となったことと、ほぼ同時に奏者番、若年寄に任じられたため、西の丸下、今の皇居前広場に拝領となった。若年寄から奏者番に格下げとなると、同じ西の丸下でも、やや東方の地（現在楠木正成像の建っている付近）に移転となった。

松平輝貞の時代は、御側から御側御用人という将軍の側近であったことから、初めは数寄屋橋御門内、のち神田橋御門内にあった。五代将軍綱吉の御成があり、高崎藩への転封を直接命じられたのは、この屋敷だ。

加藤家の時代、壬生入封時にはすでに若年寄であったため、上屋敷は西の丸下にあった。二重橋を真正面に見るあたりに、当時の老中大久保忠朝《ただとも》の屋敷と並ん

鳥居稲荷神社
北八丁堀屋敷にあった稲荷。屋敷移転後町屋となった後も町人によって代々祀られてきた。

で上屋敷があった。若年寄を退任後は、増上寺近くの芝切通へと移転した。
鳥居忠英《ただてる》も壬生入封時は若年寄であったため、大手門前に上屋敷があった。正徳六年（一七一六）に若年寄在任中に死去。忠瞭《ただあきら》が二代藩主となると、すぐに北八丁堀へ移転し、ついで江戸城の搦手門とされる半蔵門前（現国立劇場付近）へと替わった。

鳥居家三代忠意《ただおき》は、鳥居家七代の中でただ一人老中に任じられた藩主だ。役替えに伴う屋敷替えが頻繁に見られた。奏者番や若年寄、老中の時は、龍ノ口《たつのくち》、神田橋御門内（現気象庁付近）、西の丸若年寄から西の丸老中の時は、馬場先御門内や西の丸下（ともに現皇居外苑）というように、一代で六回の屋敷替えがあった。その後の忠熹《ただてる》、忠威《ただあきら》、忠挙《ただひろ》にかけては、三番町（現靖国神社南方）に落ち着いた。

嘉永四年（一八五一）に忠挙が若年寄になると鍛冶橋御門内に移転。安政四年（一八五七）同在任中に死去とともに、下谷広小路《したやひろこうじ》（上野松坂屋南方）に替わると、そのまま明治維新を迎えた。江戸城の無血開城後に勃発した上野戦争★では、黒門口の戦いがとくに熾烈だったと伝わるが、その激戦はこの下谷広小路屋敷の目前二〇〇メートルの所で繰り広げられたことを知る人はほとんどいない。

このように、壬生藩では若年寄を中心に老中や奏者番といった幕閣に参画した藩主が多かったことから、大手門前あるいは西の丸下に位置した「役屋敷★」と呼ばれる屋敷を経ての屋敷替えが頻繁に見られた。

下谷広小路屋敷跡
最後の上屋敷。左手奥に上野寛永寺の黒門があった。

▼上野戦争
戊辰戦争のひとつ。慶応四年（一八六八）五月十五日に江戸上野（東京都台東区）で彰義隊ら旧幕府軍と薩摩・長州藩を中心とする新政府軍の間で行われた戦い。戦いは一日で新政府側の勝利で終わり、江戸から西は新政府軍が掌握した。

▼役屋敷
江戸幕府の役職に就いた者が与えられる屋敷。大手門前や西の丸下には、老中や若年寄の役屋敷が並んだ。

持っていない家もあった中屋敷

中屋敷は、上屋敷の控え屋敷といわれるが、小藩では中屋敷のない藩もあり、その用途は明確ではない。壬生藩では、日根野家から松平家までの時代の中屋敷の存在は、確認できていない。三浦家が寛文六年（一六六六）には本所大川端《ほんじょおおかわばた》（現在の両国国技館の西方）に中屋敷を持っていたとする史料もあるが、ここを町人から購入して屋敷地とした「抱屋敷《かかえやしき》」★とする史料もあり明確ではない。松平家も中屋敷を拝領したのは、高崎藩に転封後のことだ。

壬生藩で初めて中屋敷として確認できるのは、加藤明英時代の芝屋敷だ。水口藩へ転封後も中屋敷として続き、宝暦十年（一七六〇）九月に上地となった。

鳥居家時代は、忠英の時代には中屋敷はなく、享保二年（一七一七）二代忠瞭の時に、下屋敷だった麻布長坂屋敷が中屋敷となったのが最初だ。

享保八年に同じ麻布の谷町《たにまち》に移転ののち、享保二十年に永田町に移転となった。その後、明治維新を迎えるまでの百三十五年の間、中屋敷として存続した。「永田町御屋敷」として現存する史料では頻出する。安政二年（一八五五）十月の「安政江戸大地震」では、「外構練壁がつぶれ、所々が大破」した（『安政度地震大風之記』）。現在の東京メトロ永田町駅の南方、旧永田町小学校のあるところだ。

▼抱屋敷
大名や旗本の江戸屋敷は、幕府からの拝領（貸与）が基本であるが、町人や百姓の土地を購入した屋敷地を抱屋敷という。拝領屋敷には年貢・諸役はかからないが、抱屋敷は持ち主の大名や旗本が負担した。

永田町屋敷跡

江戸の郊外にあった下屋敷

藩主の私邸と位置付けられる下屋敷。駒込・下谷さらに本所といった江戸近郊にあった。とくに江戸湾の湊口や河岸地の屋敷は、国元からの回漕物資の荷揚げや収納の場としても利用されていた。

壬生藩でも、三浦家が壬生藩主となる以前の寛永十年（一六三三）に谷中で一万八千坪の地を賜った。また、阿部家の下屋敷は、麻布で父忠吉の代から続く屋敷で、忠秋の代に拡張されたという。ともに明治維新まで代々両家の下屋敷として伝えられているが、江戸城外堀より外側に位置している。

木挽町《こびきちょう》にあった日根野家下屋敷は、江戸湾に面していた。舟入の描写はないが、隣には紀伊および尾張徳川家の蔵屋敷であったことが『承応江戸図』に描かれている。また、松平・加藤そして鳥居家の時代には、本所に下屋敷があった。竪川《たてかわ》や小名木川《おなぎがわ》と北十間川《きたじっけんがわ》を南北に結ぶ横川沿いにあった。屋敷の前は、横川に設けられた河岸地となっていた。

明治維新後、江戸城にあった伏見城の鳥居元忠《とりいもとただ》の血染め畳★が鳥居家に下げ渡された。長持に入った畳は、舟で本所屋敷に運ばれ、さらに壬生へと回漕された記録が平成二十八年に確認された。下屋敷が国元と直結していたことを示す好例だ。

南本所屋敷跡
手前は大横川と架け替え工事中の南辻橋。

▼鳥居元忠の血染めの畳
慶長五年（一六〇〇）年八月一日、伏見城で鳥居元忠が切腹した際に敷いていた畳。明治二年（一八六九）江戸城内にあった畳が鳥居家に下賜された。いったん本所の屋敷に運び、壬生へと回漕した。その経緯を記した史料が、平成二十八年に新たに発見された（鳥居元忠については、第三章で詳しく触れる）。

）一覧表

目　標　物	備　　考
ＪＲ東京駅構内。新幹線ホーム南方。	
皇居外苑和田倉橋西詰。	
東京メトロ竹橋駅 北方。	
皇居外苑。皇居二重橋の東方。	火除地設定および若年寄就任による屋敷替。
皇居外苑南東部。楠木正成像南側	若年寄から奏者番への役替による屋敷替。
ＪＲ有楽町駅　北西方。新有楽町ビル付近。	御側御用人就任による屋敷替。
東京メトロ大手町駅北方。気象庁付近。	
皇居外苑。皇居二重橋の東方。	
東京メトロ神谷町駅南方。オランダ大使館付近。	若年寄罷免による屋敷替。
東京メトロ大手町駅西方。	
東京メトロ大手町駅 西方。	
鉄鋼開館西方。鳥居稲荷神社（屋敷の稲荷）が現存。	忠英、若年寄在任中の死去による屋敷替
三宅坂。最高裁判所付近。	
東京メトロ大手町駅西方。パレスホテル東側。	若年寄就任による屋敷替。
三宅坂。最高裁判所付近。	
東京メトロ二重橋前駅西方。楠木正成像北側。	
皇居外苑。皇居二重橋の東方。	西の丸老中就任による屋敷替。
東京メトロ大手町駅北方。気象庁付近。	
東京メトロ大手町駅西方。	老中退任による屋敷替。
東京メトロ九段下駅西方。靖国神社南側。	
ＪＲ東京駅西方。三菱東京ＵＦＪ銀行本店付近。	若年寄就任による屋敷替
東京メトロ上野広小路駅南。上野松坂屋南隣。	忠挙、若年寄在任中の死去による屋敷替。

）一覧表

目　標　物
ＪＲ両国駅西口ロータリー付近。両国国技館西方。
東京モノレール浜松町駅・貿易センタービル付近。
鳥居坂。都営地下鉄大江戸線麻布十番駅北方。シンガポール大使館。
赤坂氷川神社南方。
東京メトロ永田町駅。旧永田町小学校付近。

）一覧表

目　標　物	備　　考
東京メトロ東銀座駅北方。	
東京メトロ六本木駅西方。テレビ朝日西方。	
大名時計博物館西方。	
東京メトロ根津駅南東方。	
ＪＲ錦糸町駅南方。両国高校付近。	
東京メトロ菊川駅東方。	
ＪＲ品川駅西方。	
ＪＲ錦糸町駅 南方。両国高校付近。	享保２～８年は中屋敷。
ＪＲ錦糸町駅南西方。両国高校南方。	

江戸屋敷（上屋

存続期間 始　期	存続期間 終　期	藩主名	所在地 江戸時代の呼称	所在地 現在の町・丁目名	屋敷の 坪数
慶長６年(1601)	寛永11年(1634)	日根野吉明	鍛冶橋御門内	丸の内１丁目	1,092
寛永12年(1635)	寛永16年(1639)	阿部忠秋	和田倉御門内	皇居外苑	–
寛永16年(1639)	元禄２年(1689)	三浦正次～明敬	一ツ橋御門外	神田錦町３丁目	–
元禄２年(1689)	元禄２年(1689)	三浦明敬	西丸下	皇居外苑	–
元禄２年(1689)	元禄５年(1692)	三浦明敬	馬場先御門内	皇居外苑	4,359
元禄５年(1692)	元禄６年(1693)	松平輝貞	数寄屋橋御門内	有楽町１丁目	3,154
元禄６年(1693)	元禄８年(1695)	松平輝貞	神田橋御門内	大手町１丁目	8,756
元禄８年(1695)	正徳元年(1711)	加藤明英	西丸下	皇居外苑	–
正徳元年(1711)	正徳２年(1712)	加藤明英	芝切通	芝公園３丁目	8,062
正徳２年(1712)	正徳３年(1713)	鳥居忠英	大手前	丸の内１丁目	4,327
正徳３年(1713)	享保２年(1717)	鳥居忠英・忠瞭	神田橋御門内	大手町１丁目	–
享保２年(1717)	享保７年(1722)	鳥居忠瞭	北八丁堀	日本橋兜町３丁目	3,124
享保７年(1722)	宝暦10年(1760)	鳥居忠瞭・忠意	半蔵御門外	隼町	2,966
宝暦10年(1760)	宝暦12年(1762)	鳥居忠意	龍ノ口	丸の内１丁目	4,495
宝暦12年(1762)	宝暦12年(1762)	鳥居忠意	半蔵御門外	隼町	2,966
宝暦12年(1762)	天明元年(1781)	鳥居忠意	馬場先御門内	皇居外苑	–
天明元年(1781)	天明７年(1787)	鳥居忠意	西丸下	皇居外苑	–
天明７年(1787)	寛政４年(1792)	鳥居忠意	神田橋御門内	大手町１丁目	6,463
寛政４年(1792)	寛政８年(1796)	鳥居忠意・忠燾	龍ノ口	丸の内１丁目	4,327
寛政８年(1796)	嘉永４年(1851)	鳥居忠燾～忠挙	三番町	九段南２丁目	3,557
嘉永４年(1851)	安政４年(1857)	鳥居忠挙	鍛冶橋御門内	丸の内２丁目	–
安政４年(1857)	明治４年(1871)	鳥居忠宝・忠文	下谷広小路	上野３丁目	4,637

江戸屋敷（中

存続期間 始　期	存続期間 終　期	藩主名	所在地 江戸時代の呼称	所在地 現在の町・丁目名	屋敷の 坪数
	元禄５年(1692)	三浦　？　～明敬	本所大川端	両国１丁目	1,465
元禄８年(1695)	正徳２年(1712)	加藤明英・嘉矩	芝海手	浜松町１・２丁目	10,011
享保２年(1717)	享保８年(1723)	鳥居忠瞭	麻布永坂（長坂）	六本木５丁目	2,400
享保８年(1723)	享保20年(1735)	鳥居忠瞭	麻布谷町	六本木４丁目	3,360
享保20年(1735)	明治２年(1869)	鳥居忠瞭～忠宝	永田町	永田町１・２丁目	1,765

江戸屋敷（下

存続期間 始　期	存続期間 終　期	藩主名	所在地 江戸時代の呼称	所在地 現在の町・丁目名	屋敷の 坪数
	寛永11年(1634)	日根野吉明	木挽町	銀座２・３丁目	–
寛永12年(1635)	寛永16年(1639)	阿部忠秋	麻布	西麻布１～３丁目	–
寛永16年(1639)	元禄５年(1692)	三浦正次～明敬	谷中	谷中二丁目	1,818
元禄５年(1692)	元禄６年(1693)	松平輝貞	下谷池之端	根津２丁目、池之端３、４丁目	6,389
元禄６年(1693)	元禄８年(1695)	松平輝貞	北本所	江東橋１丁目	2,000
元禄８年(1695)	元禄16年(1703)	加藤明英	南本所	菊川３丁目	5,000
元禄16年(1703)	正徳２年(1712)	加藤明英・嘉矩	高輪	高輪４丁目	8,099
正徳２年(1712)	享保２年(1717)	鳥居忠英・忠瞭	麻布永坂	六本木５丁目	2,400
享保２年(1717)	明治４年(1871)	鳥居忠瞭～忠文	南本所	江東橋５丁目	2,944

現在の栃木県（壬生町所在地）

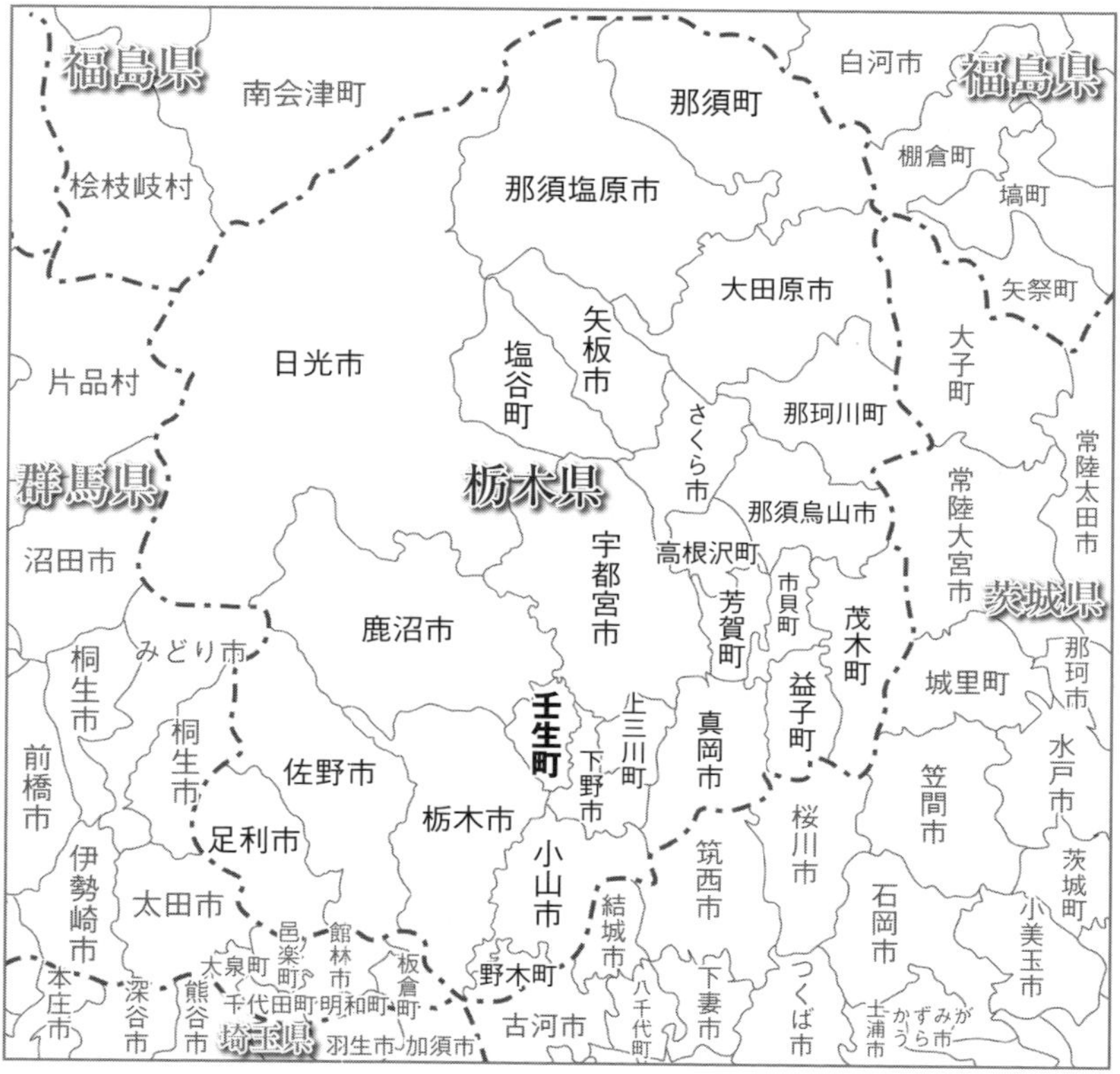

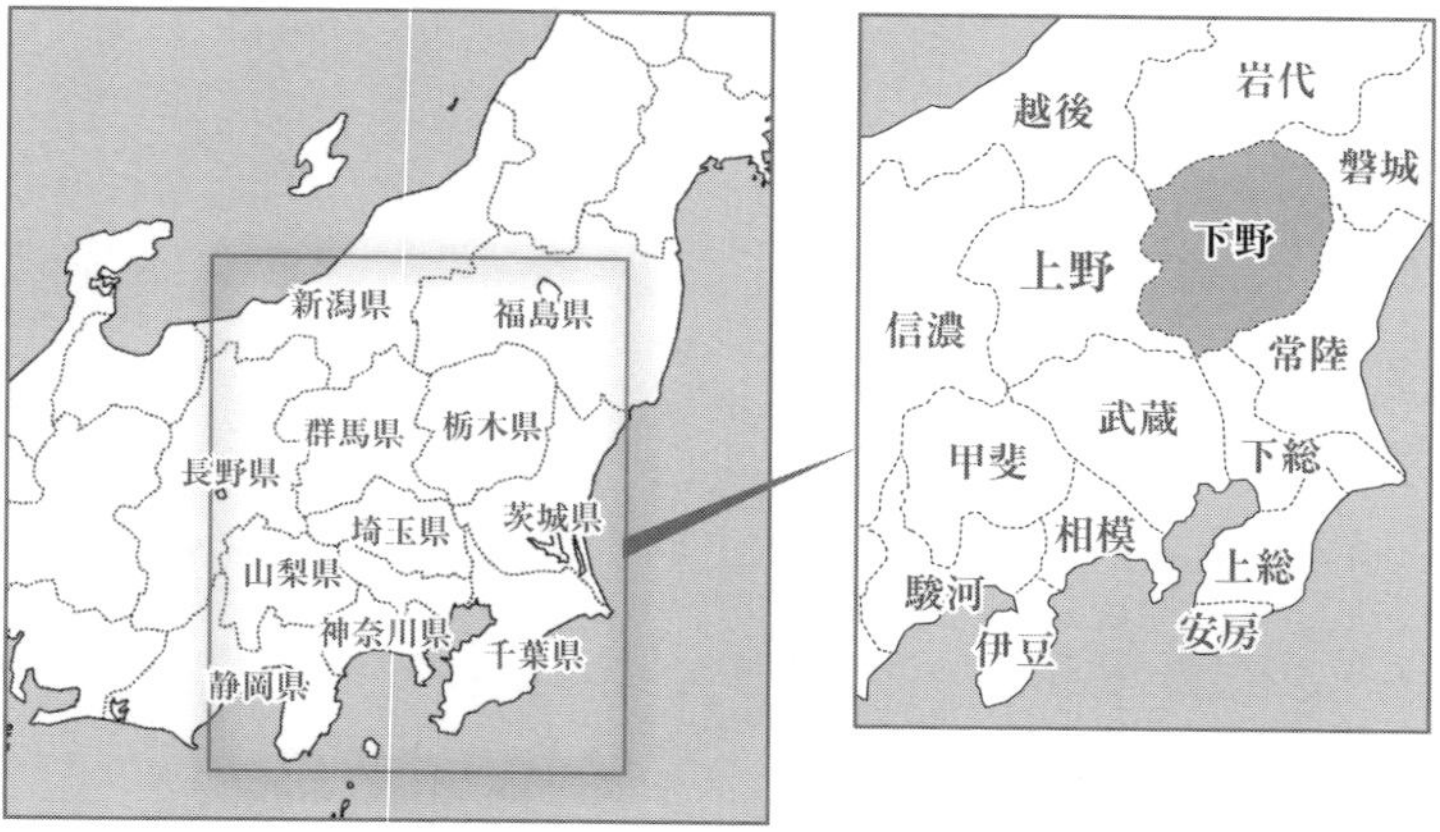

第二章 壬生城本丸御殿と徳川将軍家

二代から四代将軍と頻繁に行われた日光社参、壬生城の果たした役割は大きい。

壬生城址公園に復興した二の丸門

1

東照社造営の前線基地〝壬生城〟

元和二年（一六一六）駿府城で死去した徳川家康は久能山に葬られた。家康の遺言により、日光に「小キ堂」のちの「日光東照宮」の造営が始まった。その社の造営は、その後の壬生藩の運命を大きく変えるものとなった。

日光に東照社を造る！

元和二年（一六一六）四月十七日、徳川家康は駿府城（静岡市葵区）で薨去した。七十五歳という年齢は、天下の覇権を争った戦国武将の中では長命といえる。慶長二十年（一六一五）の大坂夏の陣で豊臣秀頼を大坂城（大阪市）で葬り、徳川家の天下を盤石のものにして安堵したかのような死であった。

家康は、臨終にあたり、ブレーンであった南光坊天海《なんこうぼうてんかい》★、金地院崇伝《こんちいんすうでん》★そして本多《ほんだ》正純《まさずみ》に対して、「遺骸は久能山《くのうざん》に納め、増上寺に葬儀を執り行わせ、三河の大樹《たいじゅ》寺《じ》に位牌を立て」と遺言したという。

家康の遺骸は、十七日夜には久能山へと運ばれた。従う者は、天海や崇伝と神《しん》龍院梵舜《りゅういんぼんしゅん》★らの神・僧職者と本多正純などわずか十一人。御大工頭中井正清《なかいまさきよ》の

▼南光坊天海
天台宗の僧侶。徳川家康のブレーンの一人。

▼金地院崇伝
臨済宗の僧侶。徳川家康のブレーンの一人。

▼神龍院梵舜
豊臣秀吉の豊国廟の社僧であり吉田兼見の弟で、神道家として活躍。

指揮により竣工していた御仮屋に安置された。

十九日には新たに造営された御廟に遺骸が安置され、梵舜によって吉田神道による祭儀が執行された。

二十二日には、秀忠が本社を「明神造《みょうじんづくり》」とする久能社の造営を中井正清に命じた。

十七日の薨去以降、順調に進んできた諸行事だったが、ここで異議を唱える者が出現した。天海である。ここまでの葬儀は、崇伝や梵舜の主導で進められ、葬儀も吉田神道による祭儀で執行されてきた。家康の神号も「明神」となる流れとなっていた。

天台宗の僧である天海は、天台宗の山王神道による祭儀を推し、神号もその垂迹である「権現」を推してきたのだ。権現・明神論争といわれる激しい対立を決したのは、天海の次の一言だったという。

「明神は、縁起が悪い」……。これは、豊臣秀吉が没後「豊国大明神」となり豪華絢爛な豊国社が建立されたが、豊臣家の滅亡とともに幕府からの取り壊しが命じられ、廃墟となっていた

幕府の意思が「権現」に統一されると、天海・板倉勝重《いたくらかつしげ》・林永喜（林羅山の弟）が上京、朝廷に対して「権現」の奏上が行われた。

京都に滞在中に大僧正に任じられた天海の働きかけにより、「東照・日本・威

霊・東光」の四つの神号から今出川《いまでがわ》（菊亭《きくてい》）晴季《はるすえ》★が提案した「東照大権現」に決した。武家伝奏★の勅使一行が江戸に下向して幕府に伝達したのは十月三日のことであった。

「一周忌が過ぎた頃、日光に小キ《ちいさ》堂《どう》を建立し勧請せよ。関八州★を鎮護する。」

先に挙げた家康の遺言には、このような続きがあった。十一月十五日、朝廷から「木作始め」の宣旨が下され、「一周忌を過ぎた頃」の元和三年四月には、正遷宮の式を行うことも発表された。厳寒期の日光、しかも三月までのわずか五カ月という慌ただしい工期で、「東照社」造営が進められことになった。

造営副総督　日根野吉明

『台徳院殿御実紀《たいとくいんでんごじっき》』★によると元和二年（一六一六）十月二十六日に日光山への東照社造営のため、「天海を日光山に遣わし、藤堂高虎《とうどうたかとら》を経営」にあたらせた。高虎は、家康の信任が厚く、築城の名手として幕府が諸大名を動員しての築城でも力を発揮していた。総督に本多正純（下野小山藩三万三千石）、副総督に壬生藩主の日根野吉明と本多藤四郎正盛、山城宮内少輔忠久、糟屋新三郎某ら三人の旗本が任じられた（史料によって、総督・副総督、奉行・副奉行、監・副監など職名がまちまちではあるが、ここでは『台徳院殿御実紀』のいい方で統一する）。

▼今出川晴季
戦国時代末から江戸時代初めの公卿。精華家の格式で右大臣となった。豊臣秀吉の関白任官に力を尽くした。今出川家は菊亭家ともいい、菊亭晴季ともいう。

▼武家伝奏
朝廷における職名のひとつ。公卿が任じられ、武家（幕府）の奏請を朝廷に取り次いだ。

▼関八州
関東八カ国の総称。相模・武蔵・安房・上総・下総・常陸・上野・下野の八カ国を指す。

▼台徳院殿御実紀
江戸幕府二代将軍徳川秀忠の一代記。江戸幕府は、享和元年（一八〇一）に成島司直等に命じて、各将軍ごとに（法号）御実記として、各将軍の治世を編年体でまとめた（付編として諸書から引用したエピソード集が付される）。家康の東照宮御実紀から十代将軍徳川家治の浚明院殿御実紀までは、天保十四年（一八四三）に完成。俗に徳川実紀と総称される。

造営工事には「奥平忠昌（下野宇都宮藩十万石）、小笠原政信（下総古河《こが》藩二万石）、松平康長《やすなが》（常陸笠間《かさま》藩三万石）、水谷勝隆《みずのやかつたか》（同下館《しもだて》藩三万石）、浅野長重《あさのながしげ》（同真《ま》壁《かべ》藩五万石）、そのほか那須、皆川の人々」が動員された。下野国内に所領がある大名や旗本は総動員であり、右記以外にも、榊原忠次《さかきばらただつぐ》（上野館林《たてばやし》藩十万石）や秋田俊季《としすえ》（常陸宍戸《ししど》藩五万石）など、現在の北関東三県に所領のある大名を動員した工事であった。日根野吉明は、工事の副総督のほか、日光に最寄りの板橋藩（日光市板橋）主松平成重《なりしげ》（一万石）とともに、社地の造成工事の人夫も供出していた。また、ここには記載がないが、実際の建築工事には、久能山と同様に中井正清が深く関わっていることはいうまでもない。

本多正純の総督への任命は、家康の遺言を枕頭で聞いた家康の側近という経歴から当然といえる。これに対して、副総督の日根野吉明は外様であり、そのために冷遇された大名だ。日光との距離を見ると、最寄りは板橋藩である。藩主の松平成重は、鳥居元忠とともに伏見城に籠城して奮戦した松平近正《ちかまさ》の孫（子の一生《かずなり》の嫡男）であり、家康との関係でもより近い。所領高も同じくらいである。これを差し置いて吉明が副総督に任じられたにことついては、違和感があり何らかの理由があったと思うが、真相は不明だ。

藤堂高虎画像写
（東京大学史料編纂所蔵）

世良田東照宮（群馬県太田市世良田）
現在の日光東照宮の社殿は、三代将軍徳川家光の大造替による建物だ。日根野吉明がかかわった元和の社殿のうち、奥の院にあった拝殿と唐門、鉄灯籠が移築、現存する。国重文。

造営秘話——造営奉行が壬生で切腹!?

「今度日光山廟社造営の奉行としてまかりたる本多藤四郎正盛、壬生において切腹せしめられる」という衝撃的な記事が、『台徳院殿御実紀』元和三年（一六一七）四月三十日の条の冒頭に記載されている。壬生藩主日根野吉明とともに副総督であった本多正盛に切腹が命じられ、しかも、その場所は「壬生において」というのだ。

「（前略）春に至り造営やや成功するに及び、奉行等土木の費用を会計せんとするに、吉明、正盛二人は大酒を好み、常に山中にても長夜の宴をのみなし、会計急にととのひがたく見しゆへ、忠久しばしばこれをうながしけるを正盛憤り、忠久が鬢《びん》をつきければ、忠久怒るといへども公事はてざる間、私の争論すべきにあらずと、強て怒りをつつしみいたりしが、この月に至り、山中洒掃までことごとくなし終り、会計の簿書も浄書なりしかば、松下孫十郎長勝へこれをさづけ、其身は江戸へ帰り参るとて、宇都宮駅で自殺せり。其事査検に及び、終に正盛も自殺命ぜられしとぞ」

要約すると、山城忠久と本多正盛という、二人の東照社の奉行が、竣工間近のある夜ケンカとなり、普請奉行の仕事が終わった後に山城忠久は自害。事の真相を知った幕府により、本多正盛が切腹を命じられた、という出来事だ。

結論としては、本多正盛の壬生での切腹はなかった。しかし、正盛と忠久の確執は間違いなく起こった事実で、これがもとで、双方の家は断絶している。事件のことは『東武実録』にも見られるが、事件後すぐに山城忠久は憤死し、工事の竣工を待って切腹したのは本多正盛、という差違がある。しかも、事件が起こった場所が、吉明の宿舎、と記されている。

史料により書き方に違いはあれ、仕事そっちのけで連日連夜、宴会に興じる吉明と正盛。これをたしなめる忠久、という構図は変わらない。

この事件は、ベテラン普請奉行の山城忠久と新米普請奉行の本多正盛という立場的に対照的な二人だが、子孫たちも対照的だ。

この事件では被害者といえる山城忠久は、旗本であるにもかかわらず、その宮内少輔という大名並みの官途名★だ。『大かうさまくんきのうち★』で朝鮮出兵の一人、「山しろこさいじ」が忠久のこととみられる。関ヶ原の戦の直前、慶長五年(一六〇〇)七月二十六日には、家康の使者として京極高次《きょうごくたかつぐ》(近江大津城主)の下を訪れている。山城忠久は、幕府が諸大名に命じて築城工事にあたらせた、いわゆる「天下普請」に関わっていた。慶長九年の彦根城(滋賀県彦根市)を皮切りに、同十一年の江戸城、同十二年の駿府城そして同十五年の名古屋城(愛知県名古屋市)などの築城工事に「普請奉行」の一人に任じられていた。藤堂高虎が関わっ

彦根城

▼官途名
律令制の百官名のうち、国司を除く中央の官職名を、武家が通称として用いた。

▼大かうさまくんきのうち
織田信長、豊臣秀吉・秀頼に仕えた太田牛一の著した豊臣秀吉の一代記。秀吉の軍記物としては最古。牛一は織田信長の一代記『信長公記』の著者として知られる。

ていた工事にも参加していることも多い。今回は城ではなく家康の廟所ではあるが、大名たちを動員しての工事を仕切る者として、実に適任であった。藤堂高虎も、元和二年十月二十九日の書状で、東照社の地盤築立は「山代宮内とよく相談するように」と江戸家老に命じている。

『寛永諸家系図伝』『寛政重修諸家譜』には記載がなく、ほかに徳川家臣団のなかに「山城家」はなく、子女の消息は不明だ。唯一、『おきく物語★』で「おきく」とともに大坂夏の陣で大坂城を脱出する侍女たちの中に「山代宮内の娘」がある。本来は豊臣秀吉の家臣であり、豊臣家に近い立場であったことが窺える。

一方の加害者的な立場の本多正盛は、内藤正成《ないとうまさなり》の三男で、のち本多忠信《ほんだただのぶ》の養子となり、三千石の旗本であった。正盛の妻は、下総小見川《おみがわ》藩主安藤重信《あんどうしげのぶ》の娘（『断家譜』では「竹」と記す）。長男の重長は、男子のいなかった安藤家の嫡男となっていた。事件後も何ら処罰を受けることなく、元和七年には、上野国高崎藩五万六千石の藩主となっていた。重元《しげもと》・重矩《しげのり》という二人の弟も重信の養子となっている。重信にはもう一人の娘がおり、板橋藩主の松平成重に嫁していた。成重の妹が壬生藩主日根野吉明の妻になっているので、本多正盛と日根野吉明は、それぞれの妻を介して義理の兄弟の関係であった。

安藤重長から六代後の信義《のぶよし》のとき、正盛の二百回忌にあたる文化十三年（一八一六）その没した地に「道覚本多府君墓表」が建立された。当時の磐城平藩《いわきたいらはん》（福

▼おきく物語
岡山藩の医師・田中意得の祖母菊の体験談をまとめた書。大坂夏の陣での大坂城落城の際、城からの脱出体験を記す。

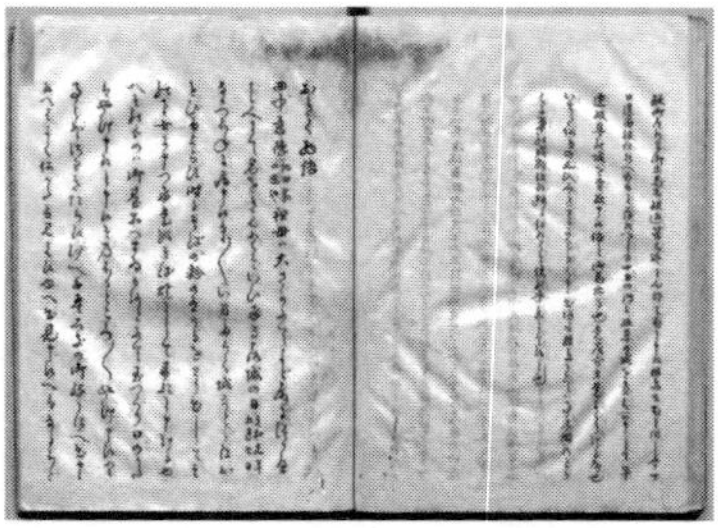
『おきく物語』
（国立公文書館蔵）

事件関係者　関係系図

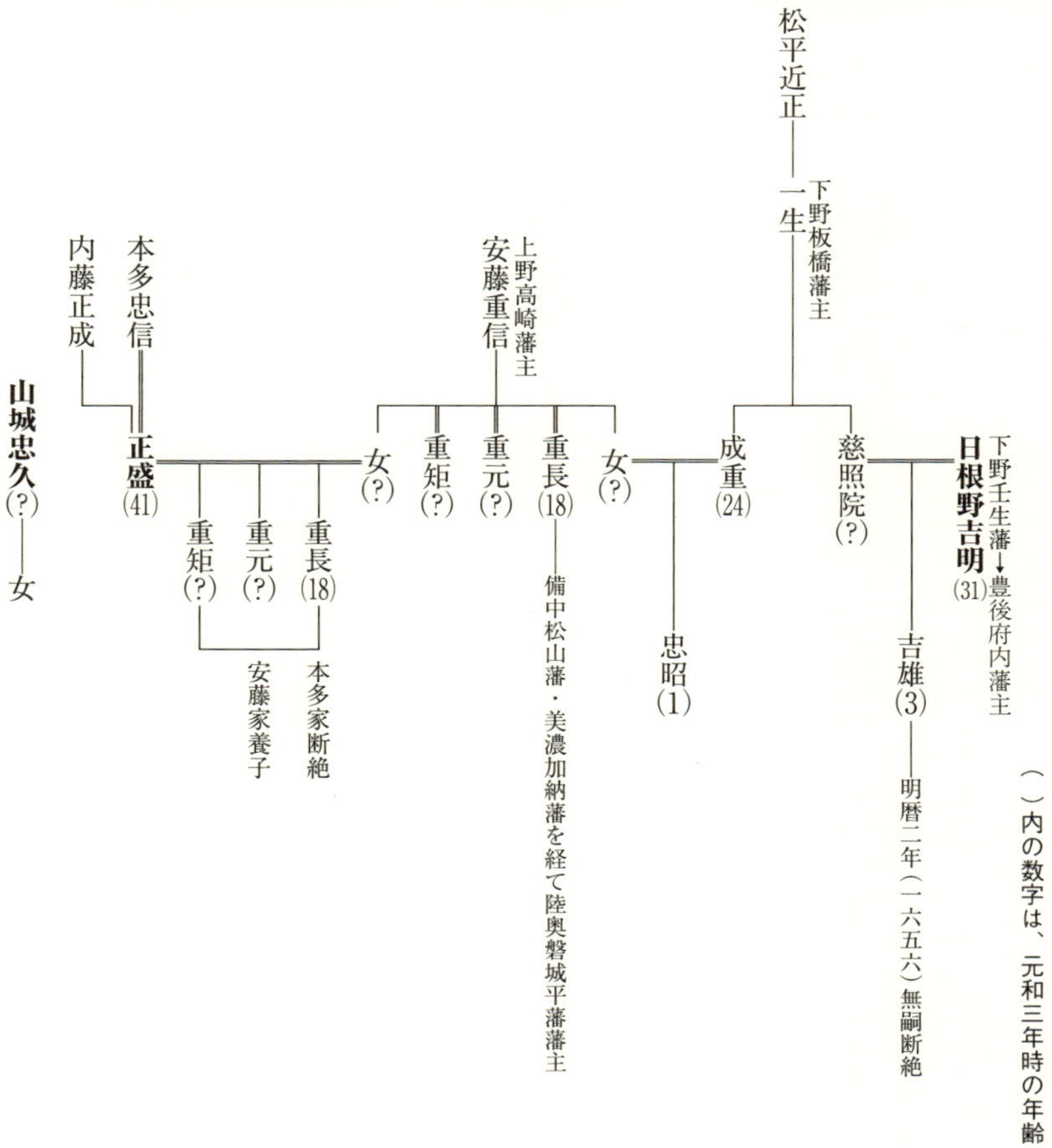
松平近正
一生
下野板橋藩主
成重(24)
慈照院(?)
日根野吉明(31)
下野壬生藩→豊後府内藩主
忠昭(1)
吉雄(3)
明暦二年（一六五六）無嗣断絶
安藤重信
上野高崎藩主
女(?)
重矩(?)
重元(?)
重長(18)
女(?)
備中松山藩・美濃加納藩を経て陸奥磐城平藩藩主
本多忠信
内藤正成
正盛(41)
重矩(?)
重元(?)
重長(18)
安藤家養子
本多家断絶
山城忠久(?)
女
( )内の数字は、元和三年時の年齢

島県いわき市）で召し抱えていた儒者伊東韶《いとうしょう》の撰文による、当事者の子孫が伝える自刃の顛末は、

「東照社竣工の諸行事終了後の四月二十二日の夜、正盛は板橋の旅宿にて自殺した。神廟の地を血で汚すことを恐れ、日光から四里を隔てる板橋を選んだ」

と刻されている。板橋は、義兄弟松平成重の陣屋町があった所だ。明治十年（一八七七）に墓表は福正寺に移され、位牌とともに現存。そこに刻まれた碑文は今でも明瞭だ。

厳寒の日光の山内、工期も迫る厳しい状況の中で、連日連夜、酒宴に興じていた者たちがいた。しかも当事者の一人であり、その宿舎を同役同士の諍いの場とした挙げ句、双方の家をお家断絶を招いた事件に日根野吉明が大きく関わっていたことは、壬生藩主の黒歴史ともいうべき出来事のひとつである。

福正寺に残る本多正盛墓標

②

聖地への道〝壬生通〟

徳川家の聖地となった日光と江戸を結ぶ道として、壬生通は整備が進められた。その最大の目的は日光社参、すなわち将軍家の日光東照社への参詣だ。秀忠・家光・家綱の時代、頻繁に実施された日光社参には、壬生藩も大きく関わった。

日光社参のはじまり……その後

元和三年（一六一七）四月十二日、大風雨の中を江戸城から北方に向けて二代将軍徳川秀忠の行列が出立した。目的地は日光山。このほど竣工なった家康の廟所を訪れ、正遷宮の様々な儀式に参列するためであった。『台徳院殿御実紀』によると、同日岩槻《いわつき》到着。連日の大風雨に翌日まで岩槻に逗留して、十四日に古河、十五日に宇都宮を経て十六日に日光に到着した。

四日間の滞在の後、二十日に日光山を出立する。『台徳院殿御実紀』は、帰りの行程には全く触れず、二十二日に江戸城に還御とだけ記している。『寛永諸家系図伝』や『寛政重修諸家譜』などで、日光山往復の沿道にある藩主の側から調べてみると、往復では使用したルートが異なることが明らかになった。行きは、江戸→岩槻→古河→宇都宮→日光。帰りは、日光→壬生→古河→岩槻→江戸というルートをとったのだ。当時の壬生藩主は、日光東照社造営にも深く関わった日根野吉明であり、日根野家の系譜では、

「元和三年よりこのかた、台徳院殿・将軍家日光御社参の時、数度壬生に渡御あり」（『寛永諸家系図伝』）

「(元和) 三年台徳院殿・大猷院《たいゆういん》殿日光山にまうでたまふのとき、壬生城に渡御あり。其後もしばしばわたらせたまひて物をたまふ」（『寛政重修諸家譜』）

と記されている。このことから、元和三年の初めての日光社参の帰途は、壬生通を使い壬生城に泊まったことは明確だ。壬生城への宿泊を本書では壬生宿城とする。

この元和三年の日光社参をはじめとして、将軍家（将軍在位時および世子・大御所時代も含む）の日光社参は十九回（一説には十七回）を数えるが、そのうち十六回は、四代将軍家綱までに実施されたものだ。日光社参は、四代将軍家綱までは頻繁に行われたが、五代将軍綱吉以降では、計画されても実施には至らないということが続く。六十六年にわたる社参の中断をはさみ、八代将軍吉宗が享保十三年（一七二八）、十代将軍家治が安永五年（一七七六）、十二代将軍家慶が天保十四年（一八四三）に実施している。

四代将軍家綱までの十六回を前期社参、八代将軍吉宗以降を後期社参と区別す

「千代田御表　日光御社参神橋」
（国立国会図書館蔵）

ると、壬生宿城を数えると八回あるが、そのすべては、前期社参であり、七回までが復路で、往路は一回しかない。前期社参では、二回に一回は壬生宿城があり、その七回までは復路に行われている。元和三年の社参が先例のひとつになって、壬生宿城が行われていたことを物語っている。

吉宗が社参を計画したときも、当初は「前例」として、壬生宿城も検討されていた。幕府から役人が派遣され、城や城下町の状況を調査した。それを物語る史料も残る。しかし、計画のかなり早い段階で壬生宿城はなくなり、往復とも宇都宮城を経由することに決している。その後の二回の社参でも壬生宿城はなかった。

後期の日光社参は、時代的にも新しく関連史料も多く残り、それらを基に研究も多い。対して、前期社参は最新でも寛文三年（一六六三）であり、史料的な壁は厚く、その実態を知ることは困難だ。前期と後期を比較すると、明らかな違いがある。将軍の宿泊する建物だ。前期は、本丸御殿のすべてが将軍家専用となっていたのに対して、後期では、二の丸の城主居所の奥向きの一画に、建坪が一〇坪にも満たない急拵えの増築を行っている。大人数の行列を仕立て、幕府の威光を示したはずの社参だが、居城の本丸を明け渡させた前期に比べ、増築とはいえ藩主の居所の一画に、間借りのような形で増築された宿館を見ると、将軍の権威が墜ちてきている表れといえる。

二条城二の丸御殿
将軍家が上洛の際、京での宿館となった。日光社参の宿城御殿をほうふつとさせる。

壬生通と壬生宿

将軍家の日光社参の帰路として使われたルート、すなわち日光を出て今市で分岐、板橋・鹿沼・楡木を経て壬生、飯塚を通過して、木沢《きざわ》（喜沢）（小山市喜沢）で日光街道に合流するルートは、のちに「日光道中壬生通」として整備が進められた街道だ。

元和二年（一六一六）冬から翌三年春にかけての日光東照社造営（一般的には、日光街道と称される）の際の資材や人は、壬生通の道筋を通行したと考えられ、宇都宮回りの日光道中よりも先に整備が進められたとされている。

日光街道は、江戸・日光間で約三六里（約一四二キロメートル）で全二一宿。下野国内では一二宿あった。壬生通は、日光道中よりも約一里半（約六キロメートル）短い、三四里半（約一三六キロメートル）だ。道法が短い代わりに道路の起伏は大きく、板橋宿と今市宿の間の十石坂《じっこくざか》は険しく、壬生通随一の難所であった。車社会の現代でも、道は細く急坂で難所であることには変わりがない。また、姿川《すがたがわ》、黒川《くろかわ》といった大きな河川を渡河するという障害もあった。日光街道がおおむね緩やかな勾配で、大きな河川を渡ることがないことが、いくつか存在した日光への道の中で、本街道として整備・利用されていったことの理由だ。

壬生通　壬生町内に杉並木が残る場所は少ない。下稲葉に残る杉。

「宿」としての壬生城下、すなわち壬生宿は、壬生通の二番目の宿として設置されたものだ。江戸からは二三里一二町二〇間の所にあり、壬生通一番目の宿、飯塚宿から一里三三町、次の楡木宿へは二里三八町の距離にあった。

壬生城下町は、壬生通を中心に構成されている。この壬生城下町の背骨ともいうべき壬生通のほかに、もう一本、主要な街道が城下町を通過している。例幣使《れいへいし》★街道《かいどう》★の宿場町栃木と日光・奥州両街道の宿である城下町宇都宮を結ぶ「奥州中街道」だ。南北に通る壬生通に対し奥州中街道は東西に通っており、城下町の建設にあたっては、この二本の主要な街道を城下町に取り込むことを計画したものと考えられる。このほか、南東方向に藤井村（壬生町藤井）から小金井宿を経て結城城下に至る「結城道」や、北方の福和田《ふくわた》（壬生町福和田）・国谷《くにや》（壬生町国谷）・助《すけ》谷《がい》（壬生町助谷）といった、古くからの壬生藩領の村々に通じる「福和田道」、そして西高野・家中へ抜ける「家中道」などが城下町から分岐しており、城下町から四方八方に街道が通じていた。

壬生宿がいつ「宿」として成立したのか、具体的に示す記録はない。『壬生表町・通町明細帳』や『宿村大概帳』に「地子免許★」のことが記されている。それによると、寛永十七年（一六四〇）から表・通町両町でそれぞれ六石、両町で十二石分が年貢から差し引かれている。面積では三六〇〇坪だ。このことから、壬生宿は遅くとも寛永十七年までには、宿として成立していたと考えられる。

▼例幣使
朝廷から日光東照宮の例祭に合わせて金の幣束を奉納するために遣わされた使い。

▼例幣使街道
上野倉賀野（群馬県高崎市）で中山道（現国道一七号線）より分岐し、下野楡木（栃木県鹿沼市）で日光道中壬生通に合流する脇往還。朝廷より日光山に奉幣を行う使者（例幣使）が用いたのでこの名で呼ばれる。

▼地子免許
地子は土地にかかる税金で、宿場振興のためにそれを免除したことを記す文書。

壬生宿がどのように運営されていたのか、『明細帳』の記述により宿役人を表にしてみた。

表中の役は、壬生宿が務めたものだが、宿周辺の在郷といわれる地域が務めたものが人足役だ。人足役は、表町分では、下馬木《げばぎ》・西高野《にしごや》・今井《いまい》・下台《しもだい》・藤葉《ふじつば》に居住する者から八三名、通町分では、先例によりとして下稲葉村地内になる釜ヶ渕から一七名の計一〇〇名で務めていた。

宿の施設として「高札場」があった。場所は、宿のほぼ中央。足軽町口の北側になる。掲げられた高札のうち正徳元年（一七一一）五月付と天保九年（一八三八）九月付で出された運賃の定めがあった。このため、高札は問屋の所管となっていて、城下町に火事があった時は、通町での火事の時は表町問屋、表町火事の時は通町問屋が指図して高札を外し、避難させる手筈になっていた。『宿村大概帳』によると「高さ一丈二尺（三・六メートル）・長さ一丈七尺四寸（五・二メートル）・横は六尺四寸（一・九メートル）」。『壬生領史略』には、石の土台の上に周囲を柵で囲み屋根を付けた姿で、高札が四枚が掲示されて描かれている。柵囲いや雨覆いが破損した時は、藩で修理することになっていた。

参勤交代が制度化され公用通行が増大すると、宿常備の人馬だけでは、次の宿まで荷物を運ぶ人馬が不足することになった。当初は、人馬の不足する宿と村々との交渉によって人馬の応援を求めていたが、宿と周辺の村とでは負担が大きく

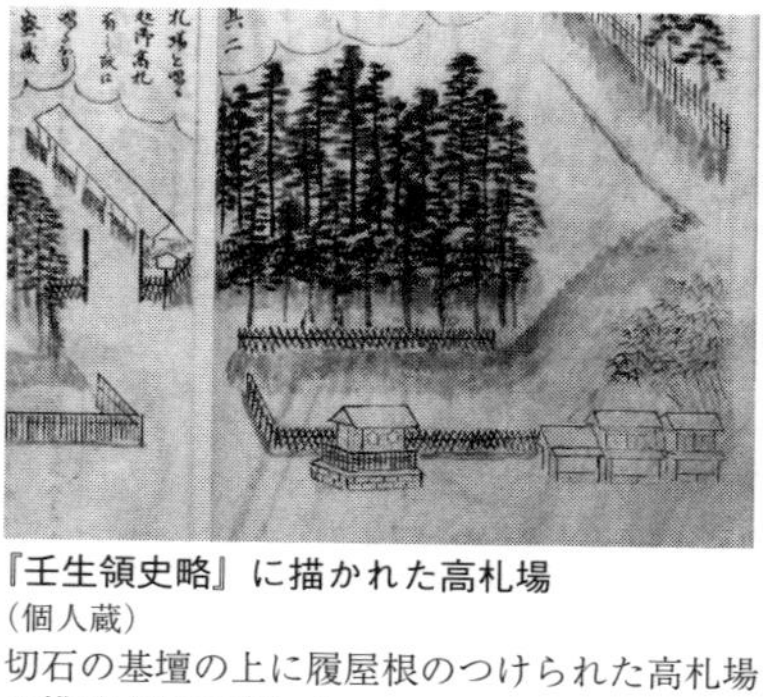

『壬生領史略』に描かれた高札場
（個人蔵）
切石の基壇の上に履屋根のつけられた高札場の構造が見て取れる。

異なるため、紛争の火種にもなった。そこで幕府は、各宿ごとに不足の人馬を差出す村とその負担の割合を指定した制度を設けた。これが「助郷制」だ。参勤交代に日光社参が加わり、より負担の大きい日光道中では、元禄九年（一六九六）に定助郷制が布かれ、壬生通も同時に実施された。助郷は、領主の別なく指定され、宿からおおむね二里を目安に指定された。例幣使街道の西側にある旧都賀町や旧西方町となっている村々も壬生宿の助郷に指定されている。助郷は、村々の負担を増大させ、農村荒廃の一因となった。

壬生通を通る人々

江戸と日光を結ぶ壬生通の大きな役割は、日光社参の経路であった。元和三年（一六一七）に始まる将軍家や代参する大名たち。あるいは、東照社正遷宮に際し、奉幣使の派遣に始まる日光例幣使の公家たちが、東照宮に奉幣後、江戸に向かうルートとして。徳川将軍家から庶民に至るまで、日光社参の多くの人々にもちろん、日光社参以外にも、公用、私用で日光を目指すあるいは日光方面から江戸を目指す旅人に利用されていた。

壬生通を通った旅人で、最も有名な人物は、松尾芭蕉《まつおばしょう》であろう。元禄二年（一六八九）三月二十七日、門人の曽良《そら》とともに奥州を目指して江戸深川の採茶庵《さいとあん》を

松尾芭蕉
（国立国会図書館蔵）

出発。壬生通へ足を踏み入れたのは三月二十九日。木沢から壬生通に入ると、飯塚の北方で左折し、惣社河岸から室の八島（大神神社、栃木市惣社町）に寄り道。壬生に出て再び壬生通に入り、「金売り吉次の墓」を見ながら北上し、鹿沼宿に宿泊、翌四月一日日光に至っている。残念なことに、惣社から壬生通に戻る際、

「室ノ八島へ行ク（乾ノ方五町ハカリ）。スクニ壬生へ出ル（毛武ト云村アリ）」

とあり、すぐに「ミフヨリ半道ハカリ行テ、吉次カ塚、右ノ方廿間《にじっけん》ハカリ畠中ニ有」と金売り吉次の墓に話題は変わっていて、壬生宿に興味を引くものはなかったのか、宿の様子は全く触れられず簡単に通過している。

松尾芭蕉は利用することはなかったが、壬生宿には、公用通行のための施設として、本陣と脇本陣が一カ所ずつ用意されていた。本陣は、大名や旗本、勅使や宮家、門跡などの宿舎として設置されたもので、脇本陣は、その補助的な施設だ。

壬生宿の本陣は、『宿村大概帳』には次のように記されている。

「本陣　凡建坪百弐拾五坪　門構玄関付　字下通町　壱軒」

下通町と記された本陣の場所は、城下町のほぼ中央、大手門前の広小路の南側であり、通町の名主、松本庄兵衛家の屋敷であった。『通町屋敷並尺間数書上帳』では、本陣の建物は、「間口拾八間壱尺　裏行二十五間」の敷地に建てられていた。部屋の名称や広さは、六五頁の表のとおりだ。全部で二〇室あるが、表中で破線の上側が本陣としての部分、下側が「名主松本庄兵衛」としての家の部

金売り吉次の墓

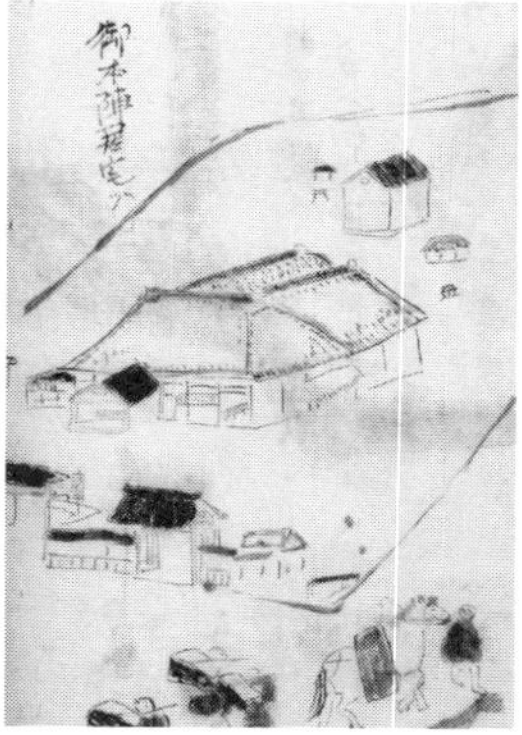

御本陣居宅図（「壬生城廃城凡覚書」より）（雄琴神社蔵）

宿役人一覧

役　名	配　置　人　数			職　務　内　容
	両町計	表町	通町	
問屋場	2	1	1	＊表町・通町に1カ所ずつ。問屋の屋敷に設定。表町は上表町、通町は中通町に所在。 ＊10日交代で、問屋と年寄2名・帳附2名・馬指1名の計6人で運営。
問屋	2	1	1	＊表町・通町に1名ずつ（伝馬や荷物の継立、御用通行の差配をする宿の最高責任者）。
年寄	15	7	8	＊問屋の補佐（宿の業務に責任を有し、願書や請状には問屋と連署することが多い）。
中山道問屋	3	2	1	＊表町は市兵衛・孫兵衛、通町は半兵衛が兼役（年寄の兼役か）。
帳　附	29	14	15	＊人馬の出動状況を記録する役。昼夜2名ずつ当番の問屋場に詰める。
馬　指	4	2	2	（職務内容記載なし。他の宿の例では、宿や助郷の人馬に対する荷物の差配を行う）。
伝馬役	72	40	32	＊当番の問屋場に昼間8名・夜間2名ずつ詰め、急用や臨時の通行に備えた。
飛脚役	126	54	72	＊表町：昼間は上番2人、夜間は上番2人・下番2人が表町問屋に詰める。江戸から日光への便に対応。 ＊通町：昼夜3人宛通町問屋に詰める。日光から江戸への便に対応。
人足役	110	83	17	＊表町：下馬木・西高野・今井・下台・藤葉の在郷在住の者。 ＊通町：釜ケ淵の者（釜ケ淵は下稲葉村内だが、先例により勤役）。
辻番役	95	41	54	（職務内容記載なし。8カ所－表町3カ所・通町5カ所の辻番所に交代で詰めたと考えられる）
在郷役	5	4	1	（職務内容記載なし。在郷者が担当する人足役の人数調整と考えられる）。
御高札番	6	3	3	＊高札場近所の者の定番。火事の際は火元ではない方の問屋の指示により、高札を外して退避。
自身番	7	－	－	＊飛脚役の中で廻り番。10～3月は両町2人宛、火の用心の昼夜廻り。
加　番	2	1	1	＊10～3月に年寄役と百姓の代表が、昼夜に2度町内を回り、火の用心を呼びかける。

分と考えられる。

ここには『宿村大概帳』の記すとおり、七尺に二間の玄関式台や、畳敷での縁側の付いた、上段（の間）、次ノ間などは、先に見た本丸御殿の書院や御殿の部分と同様であり、身分の高い者の宿泊する所であることを示している。

また、料理の間という名称の部屋が四室もあり、うち一室には、九尺に三間の流しとなっており、多人数の食事を賄う場であることを示している。

『壬生城廃城凡覚書』に描かれた「御本陣居宅ヅ」にも本陣の建物を見ることができる。同図には、本陣がスケッチ風に描かれているが、建物は「コの字型」をしている。門やその左右に延びる塀そして式台の屋根は瓦葺き、母屋の屋根は藁か茅と見られる草葺きと考えられる。門は二基描かれている。向かって左が本陣の門、右が名主屋敷の門であったことが窺える。同時に、門と母屋とはかなり離れていたことがわかる。

脇本陣について『宿村大概帳』には、「脇本陣　凡建坪七拾四坪　門構玄関附　字中通町　壱軒」と記されている。本陣が通町名主であったのに対し、脇本陣は、通町問屋の屋敷であった。本陣と同様に『通町屋敷並尺間数書上帳』によって間取を見ると、敷地は「間口拾四間半　裏行三拾間」であり、本陣に比べると小ぢんまりした感じである。玄関の敷台（式台）はあるが、上段の間や縁側は見られず畳数も少ない。

脇本陣・通町問屋場跡

『壬生城廃城凡覚書』の挿し絵を見ると、脇本陣にも二基の門があり、建物の平面は本陣と同様「コ」の字形をしていて、屋根は草葺きであったと考えられる。

一般の者が泊まる旅館、旅籠については、正徳二年（一七一二）の『壬生表町・通町明細帳』に記述はないが、『宿村大概帳』には、「旅籠屋　拾軒　大弐軒、中五軒、小三軒」とあり、壬生宿には、全部で十軒の旅籠があったことがわかるが、旅籠の屋号・所在地については記載がない。旅籠についての史料は皆無で、その実態は不明だ。壬生宿の旅籠で屋号の明らかなものは、「紅葉屋」と「綿屋」の二軒で、『宿村大概帳』に「大二軒」と書かれた旅籠と考えられている。

この二軒の旅

本陣の部屋割り

部屋の名称	広さ（畳）	床材	特記事項
上段	10	畳	
縁側	4	畳	
次ノ間	12	畳	
縁側	4	畳	
次ノ間	18	畳	
縁側	6	畳	
くつろぎの間	9	畳	
広間	28	畳	
玄関式台	−	−	9尺×2間
物置	3	畳	
料理間	15	畳	
同	−	板	9尺×4間半
同	−	板	2間×3間
同	−	−	9尺×3間　流し
茶ノ間	11	畳	
勝手	15	畳	
物置	9	畳	
同	4	畳	
同	8	畳	
台所	−	−	2間5尺×梁10間
畳数合計	156畳	板の間15坪、土間33坪	

脇本陣の部屋割り

部屋の名称	広さ（畳）	床材	特記事項
座敷	6	畳	
次ノ間	6	畳	
次ノ間	8	畳	
次ノ間	6	畳	
玄関	6	畳	敷（式）台　有
中ノ間	8	畳	
茶ノ間	9	畳	
勝手	6	筵	
物置	4	畳	
勝手	12	筵	
問屋会所	8	畳	
台所	−	土	2間半×梁10間
長家	−	土	2間×3間半
畳数合計	61畳	筵間18畳、土間32坪	

籠は、公事訴訟のための「郷宿」★としての役割を担っていたことも明らかになっている。嘉永六年（一八五三）伊勢屋火事の記述の中で、助谷村から類焼見舞いとして「金二分ずつ」を「通町下丁　郷宿　紅葉屋萬平、同　綿屋金之助」に渡したことが『見聞控帳』記されている。

この二軒は、旅籠のほかに仕出しも行っていた。『見聞控之帳』には、当時の壬生藩主鳥居忠挙《ただひろ》が、嘉永四年十二月三日付で奏者番から西丸若年寄を仰せ付けられた際、翌五年二月に披露の祝宴が催され、その仕出しを担当したのが上の「紅葉屋」と「綿屋」であったことが記されている。領内の村々の者にも招待があり、表町・通町と上郷の者一五一人は二月二十五日、飯塚町と下郷の者は翌二十六日に実施されている。「八ツ時半頃、於御本陣頂戴」というように本陣を会場に催されたことも記されている。

その際、二日目の飯塚町と下郷の者は、飲みすぎて「町宿泊リ」になった者が多く、「紅葉屋」では、「郷宿初まりて以来無之」有様で大いに困ったことが記されている。この紅葉屋と綿屋の場所については、紅葉屋は本陣の真向かい、綿屋は紅葉屋の南側にあった。本陣から酔っ払いを担ぎ込むには格好の位置にあったといえる。

▼郷宿
江戸時代、村の代表者が公用で城下町に行った際に泊まる定宿。

③ 将軍の定宿〝壬生御殿〟

歴代将軍の日光社参では、恒例になっていた壬生宿城。
将軍の旅館となった本丸御殿は、藩主さえ立ち入ることのできない聖域。
ほかの城とは異なる役割を担っていた壬生城の秘密が、そこにはあった。

藩主さえ使えない！　本丸御殿

宿城での将軍の旅館となったのは、本丸御殿であった。建坪五六三坪、まさに千畳敷の御殿本屋に庇や縁などが付き、ほかに九〇坪の小屋などが建てられた。

史料的な話をすると、壬生城を描いた絵図は、図に精粗はあるものの、三〇点以上が確認できる。そのうち、本丸御殿を描いた絵図は、「壬生城本丸・二の丸指図」（常楽寺蔵）と「本丸指図」（甲賀市水口歴史民俗資料館蔵）のわずか二点。ほかの絵図には本丸に御殿はなく、空き地として描かれている。

一方、古文書では「野州壬生御宿城一件帳」（以下「宿城一件帳」と略す）に本丸御殿のことが詳しく記録されている。この二点の絵図と「宿城一件帳」を照合すると、ほぼ一致する。絵図と古文書とが語る御殿は、同じものなのだ。

本丸御殿の歴史は、「宿城一件帳」では、「日根野織部代より有来」とあり、藩主が日根野吉明の時から存在していたことがわかるが、元和三年（一六一七）の初回からあったのか、その後からなのかは不明だ。日根野氏・阿部氏、そして三浦正次・安次の代まで、この御殿への御成があったと記す。ところが承応二年（一六五三）二月九日に焼失。万治二年（一六五九）に再建され寛文三年（一六六三）の宿城となったという歴史が綴られている。絵図と古文書の双方から確認できた御殿は、まさに万治二年に再建された御殿なのだ。

本丸御殿の構成は、南面する〈御玄関〉から北西方向に〈御書院〉〈御成廊下〉を経て〈御殿〉、その北東に〈御小納戸〉〈御湯殿〉が付された部分を主要部とする。〈玄関〉の北から東方にかけては、〈料理の間〉〈惣振舞所〉を経て〈釜屋〉〈臺所〉〈にたての間〉など台所関係の部屋が並ぶ。これら北方には、〈御老中部屋〉〈若御老中部屋〉〈御祐筆部屋〉などの部屋が並んでいた。

この御殿の特徴は部屋の名称に表れている。主要部の〈御殿〉や〈御成廊下〉の呼称。あるいは〈御老中〉や〈若御老中〉といった、三浦家中には見られない職制が付された部屋が数多く存在している。その一方で、普段の政務に要する御用部屋や諸役人の詰所は皆無だ。食事に関する部屋が多いことも、大きな特徴だ。総面積五六三坪（一八五八平米）もの広大な御殿のその三分の一を占めるのは食事に関する部屋だ。詳細は後述するが供奉する武士たちの身分に応じて、夕食と夜食、そして翌日の朝食が用意・提供されたからにほかならない。

将軍が滞在する〈御殿〉は、本丸御殿の建物群の中で本丸の最も奥まった所に位置している。南と東にある二つの虎口《こぐち》★からも最も遠く、警備を考える上では、最大の利点だ。また〈御殿〉の周囲は塀が建てられ、壁と塀で周囲の視線をさえぎっている。とくに北西側の塀は、土手を築いた上に塀を建てているので高さは三メートルを超えた。構造も太鼓塀といって、塀の中に空洞を造り、中に砂や小石などを充填して鉄砲玉が貫通しないようになっていた。

内部からの〈御殿〉への連絡通路は、南の〈御成廊下〉と東の〈溜廊下〉からの二カ所に限定されている。〈御殿〉を周囲から厳重に隔離して、将軍の安全を確保しようとする意図を見て取ることができる。本丸御殿の外側には、その警備の拠点となる様々な番所が、各所に配置され、それぞれに番士が配置されていた。

壬生城本丸御殿の最大の特徴、それは、壬生城の本丸にありながら、壬生藩のものではない、ということだ。「宿城一件帳」では、将軍の宿泊以後について「御成以後者、御縁庇其他取附候所者取放差置、大形御本屋計差置、端々所々破損取繕不申候」というように、「将軍の御成=社参の宿城」ののちは、御殿本体だけにして、庇や縁などは取り外され、本体だけの姿で放置されていた。御殿本体だけにして、庇や縁などは取り外しただけでなく、御殿本体に破損が生じても、修理しないでそのまま放置。次に社参の話があったときに修理をすることが

▼虎口
城の出入口のこと。城門をはじめ、簡単に出入りができないようにいろいろ工夫された。

はっきりと書かれている。これは、壬生城の本丸という壬生藩主の居城の中心にあるこの本丸御殿が、将軍のためだけの施設であり、壬生藩のものではないことをいっている。それは、建物の呼び方からも明らかだ。本丸の殿舎を「御殿」。これに対し二の丸の城主用殿舎は「居宅」。曲輪《くるわ》の呼び方も、御本丸と二の丸と、本丸には「御」の敬称を付しており、日光社参時の将軍御座所を示している。

城主といえども使用はできない……。このことが、本丸御殿のその後を知る上で大きな障害となっている。本丸に御殿があることは、ほとんどの史料には出てこない。絵図にも描かれていない。「御本屋」だけで寛文三年以降放置されていた御殿のその後は、長らく不明のままであった。

平成二十三年に発見された「本丸・二の丸指図」によって、鳥居家の時代にも本丸御殿が存在していた可能性が出てきた。第五節で詳述するが、元禄七年（一六九四）三月十九日の松平輝貞の書状で「本丸御殿の建前を入れた小屋」に言及があり、「御殿の道具の損傷に注意」する旨の指示がされており、御殿が解体された状態であることを窺わせている。さらに、文化五年（一八〇八）付けの壬生城改修伺い図中に記された「本丸御屋形五百六十三坪」の書き込みが、現在確認できる本丸御殿の存在期間の下限だ。

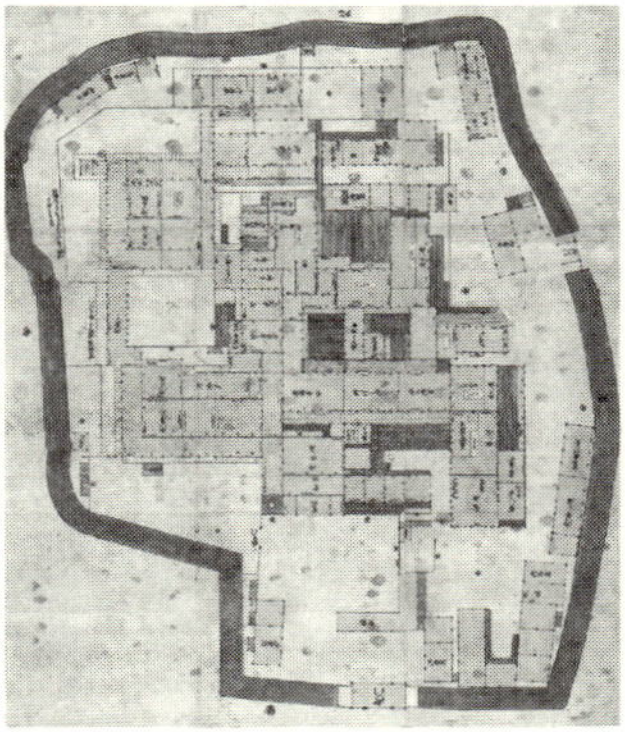

壬生城本丸指図
（甲賀市水口歴史民俗資料館蔵）

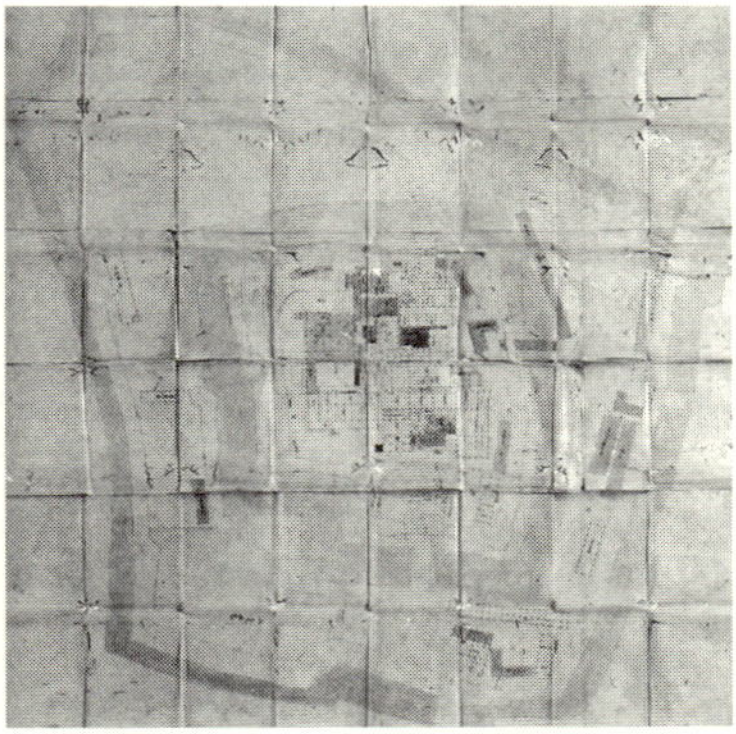

壬生城本丸・二の丸指図（常楽寺蔵）

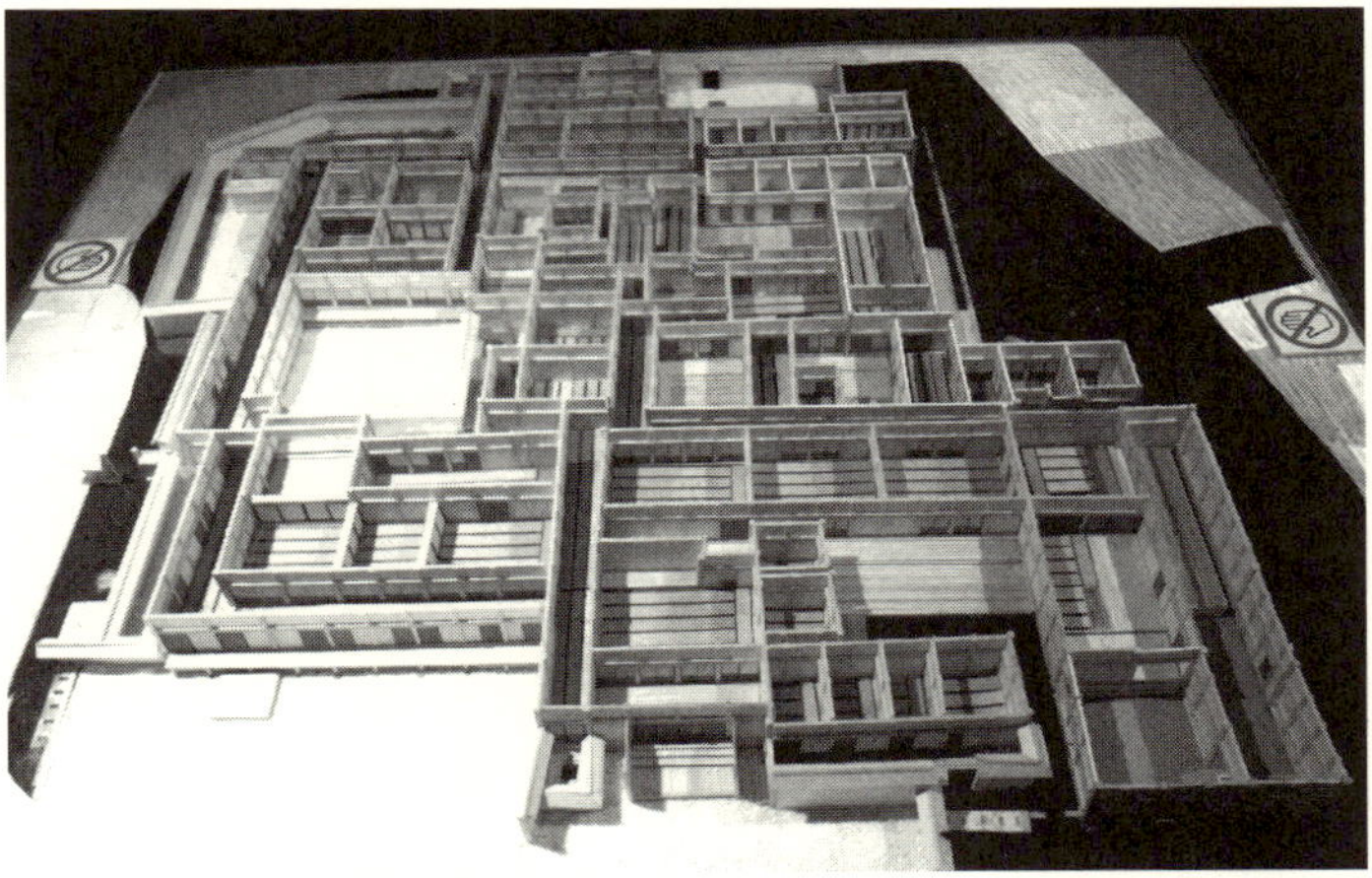

80分の1　壬生城本丸御殿復原模型（考証・製作　笹崎 明）壬生町立歴史民俗資料館展示

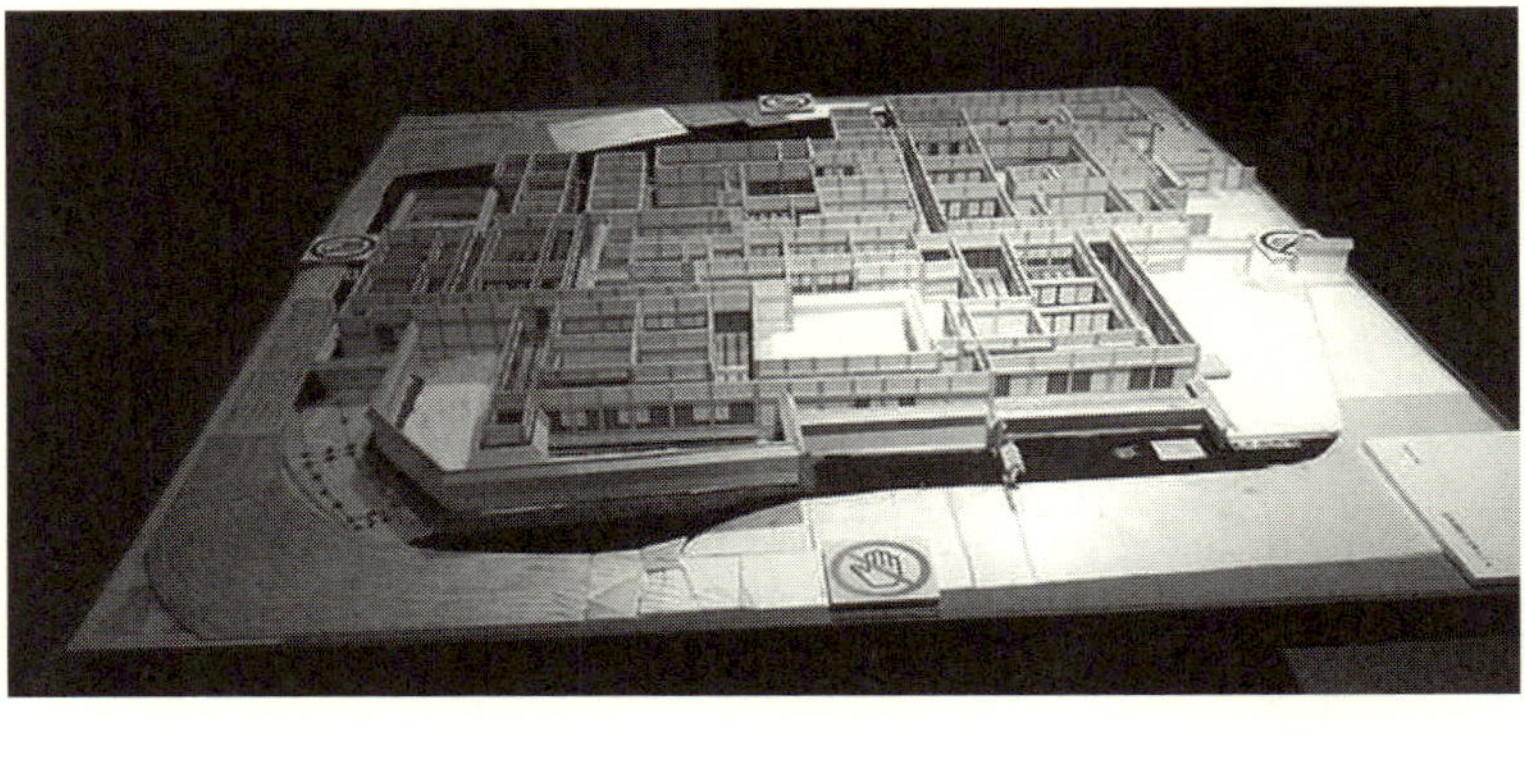

将軍の壬生城到着から出立まで

日光社参の宿城としてどのような一夜があったのか、寛文三年（一六六三）四月二十一日を例に紹介しよう。三浦家の家老が書き留めた「寛文三癸《みずのと》卯年四月廿二日　日光山幸御還御壬生城御一宿記（以下、「一宿記」）」（「野州壬生御宿城一件帳」に収録）に記されている、四代将軍家綱が宿泊したときの記録だ。「一宿記」の記述と一部推測を交えまとめると七四頁の表のようになる。

この中で一番重要なのが御書院での対面だ。三浦安次への盃頂戴に始まり、将軍からの拝領と献上という主君と家臣としての儀式が行われている。

＊拝領物　〈御腰物　国行　代金十五枚〉〈御袷　二十〉〈黄金　三拾枚〉

＊献上物　〈御腰物　備前長光　代金八枚〉〈綿　二百把〉〈金　馬代〉

一連の儀式が終わった後将軍は、場所を御座之間に移して、改めて御膳を召し上がった。また、将軍の寝所も「御座之間」であったことが、「宿城一件帳」の別の箇所に記されている。

さて、明くる二十二日、出立に先立ち、今回の一連の宿城の準備と実施に労を尽くした二人の家老、戸村惣右衛門と九津見吉左衛門に「御玄関前白洲」でお目見えがあり、将軍から袷と羽織が下賜された。

出立の時刻は、卯の下刻（午前七時頃）。「出御は南大手」と記されていることから、入城とは異なり、慶安までの入城ルートだった南大手門を使ったと見られる。当初の予定か、当日の変更か記述はない。道筋の番所への人員の配置など気になるが、城内でのルート変更だけのためか、番所関連の記述はない。

いずれにしても、卯の下刻には壬生城を出立。次の宿城となる古河城に向けて行列は進んで行った。途中の小山宿で昼食となり、城主の三浦安次はここで将軍にご機嫌を伺った。鹿沼城下へのお出迎えから小山宿までのお見送りまでを済ませたことで、宿城の役目が終わったことになる。

寛文三年四月二十一日申の刻から翌二十二日卯の刻まで、その間、壬生城での滞在時間は十五時間あまり。このわずかな時間が、万治二年（一六五九）に再建された本丸御殿が将軍の宿城御殿として、その役割を果たした唯一の瞬間でもあった。

お供の武士たちへのお・も・て・な・し

寛文三年（一六六三）の社参行列のうち、将軍の回りには、少なくとも一五〇〇人が付き従っていた。老中以下中間に至るまでのお供の武士たちの宿割りをした史料が残っている。「壬生宿割置帳」だ。その表紙には、宿割りにあたった三人の幕府の役人（堀三左衛門・嶋弥左衛門・松平新九郎）が記名・押印した正式なものである。城内の家中屋敷を始め、城下の寺社や町屋のほか、壬生城下町近郷の村々はもちろん、先は小山町、後ろは楡木宿に至るまで、町屋に分宿していた。

お供の武士たちには、老中以下中間に至るまで、身分に応じて、夕食と夜食そして翌日の朝食が用意・提供された。また、「二の丸風呂屋」や「三の丸風呂屋」（名称のみ。建物の規模・構造など詳細は不明）の記述もあり、城内では食事とともに風呂が提供されたことが「宿城一件帳」からわかる。

老中以下の食事は、辰年（寛永十七年）・子年（慶安元年）・卯年（寛文三年）の三カ年分の献立が書き留められている。献立の内容は卯年のみ紹介するが、百人方、三百人方・千人方の三ランクに分かれていた。

推定経路／〈備考〉
列は壬生通を南下。楡木宿で休憩 安次、行列より先行。出迎えの準備〉
場道から搦手門から中門から東大手門 安次、行列より先行．裏道使用と推定〉
門から二の丸門から本丸表門
丸表門から塀重門から書院前御駕籠台
駕籠台から書院から御成廊下から御殿
殿御座之間から御成廊下から御書院御上段
丸表門から二の丸門から南大手門から足軽 門から表町を南下から江戸口 このルートは慶安までの御成道〉 生通を南下。飯塚宿で休憩

寛文３年（1663）の社参行列の経路

時刻（推定時刻）	場所			将軍家綱	三浦安次
午の刻（11:00）	鹿沼城			・到着	
				・昼食	・御機嫌伺に参上
午の下刻（13:00）				・出立	・帰城
申の刻前（15:30）	壬生城下　日光口			・到着	・出迎え ・東大手門に先行
申の刻（16:00）	壬生城		東大手門	・到着	・出迎え
	壬生城		本丸表門	・到着	
	壬生城				・先導
	壬生城	本丸御殿	本丸御殿前	・駕籠から下りる	（塀重門前で見送り）
	壬生城	本丸御殿	御殿御座之間	・休息	
	壬生城	本丸御殿	御書院御上段	・着座 ・対面 ・七五三膳 ・下賜物	・御礼の言上 ・膳部の献上 ・御杯頂戴 ・献上物 ・退出
	壬生城	本丸御殿	御殿御座之間	・引き替え膳 ・就寝 ※①	
	壬生城	本丸御殿	御殿御座之間	・起床 ※②	
卯の下刻（7:00）	壬生城	本丸御殿	御玄関前白洲	・老中を介し下賜 ・出立	・家老２名の拝謁 ・時服２枚宛の拝領
	壬生城		南大手門		
	小山御殿			・到着 ・昼食 ・出立	・御機嫌伺に参上 ・見送り

百人方は「御老中・若年寄衆・御側衆・御小性衆」たちだ。夕食と朝食に三汁一〇菜、夜食として二汁七菜。三百人方は「御番頭衆・御物頭衆・諸役人中」だ。夕食と朝食に二汁七菜、夜食として折詰（詳細は不明）とある。三百人方までが、本丸御殿で調理、提供されたようだ。二カ所の台所のほか、さまざまな食事関係の部屋があり、五六三坪ある御殿のうち一六〇坪、御殿の約三分の一は、食事に関係する部屋であった。〈御菓子部屋〉〈酒部屋〉〈蕎麦切小屋〉などもあった。台所は六五坪の広さがあり、大竈が二つ並ぶ〈釜屋〉や〈食置場〉などがあった。〈惣振舞所〉は二七畳敷きの部屋で、東には二四畳敷きの〈料理之間〉が二間続いている。ここでは、「三百人方」と記された御番頭衆・御物頭衆・諸役人といった中級の武士たちに対して、夕食と朝食に二汁七菜の食事が提供された。

千人方と書かれた御番衆や御小人《こびと》衆などの下級のお供たちには、二の丸に〈御馳走之小屋〉があり、一汁五菜や一汁三菜の食事が提供された。

食事の給仕は、三浦家の家臣たちが行った。上級武士が監督者となり中級以下の武士が、行列側の武士たちの給仕をしていた。水汲みをはじめ下働きは、郷足軽や郷中間はもとより、町人や農民たちの仕事だ。城付領と呼ばれた壬生城の周りの村々はもちろん、山川領と呼ばれた下総国内（茨城県結城市や古河市）に存在した壬生藩領の村々から動員されていた人々は、四〇〇〇人に及んだ。お供の武士たちへの国を挙げての〝おもてなし〟であったことを物語っている。

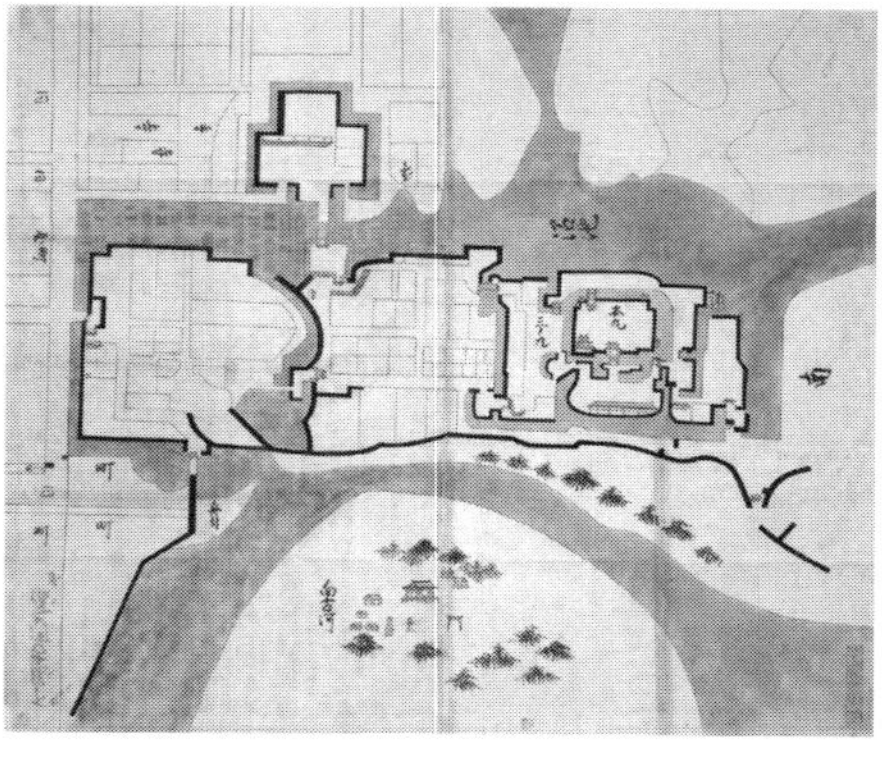

「日本古城絵図　下総古河之城」
（国立国会図書館蔵）

寛文3年4月21日晩方　供奉者への献立一覧

		御老中方	三百人方	千人方	御小人・御中間
御本膳	鱠	鯛 さより 海月 くりしょうが きんかん	平目たんざく いか くらげ くりしょうが 九年母	平目 大根たんざく いか もみ大根 九年母	大根 塩いなだ さけのひきたて
	汁	塩鳥 ごぼう 松茸 うど 竹の子	＜集汁＞ ごぼう 大根 つみ入れ 竹の子 わかめ	＜集汁＞ ごぼう 大根 れんこん わかめ くし鱈	＜集汁＞ 干し鱈 わかめ ふき
	汁	串海鼠 くしかい ふ	串海鼠 串あわび ごぼう	しいたけ ごぼう はい	あさり こんにゃく ごぼう
	香物	○	○	○	○
	食	○	○	○	○
二の膳	平皿	はんぺん やきとうふ つつみ玉子 くろたまり			
	刺身		こい おご わさび いり酒		
	汁	塩煮	ひとしおすずき 山椒のめ		
	和物	うど 酒のかす			
引面	刺身	こい わさび いり酒			
	汁	こぶな			
	吸物	鮒 山椒のめ	小菜		
	肴	水貝 かまぼこ	かばやき にしめふ		
	その他	焼鳥 すいきり やきあゆ	大海老	たこ 大海老 塩引	香の物 焼き物
菓子		山もも いちご さとうかんてん 主水菓子色々	菓子色々 (夜に入り) 枚重まんじゅう		
食事場所		本丸(御殿内)	本丸(惣振舞所)	二の丸(千人方振舞所)	

※千人方のうち＜小役人衆＞には「二の膳付」とあるが詳細不明
※笹﨑史子「日光社参供奉衆への献立について（草稿）」を加筆修正

④

歴史に埋もれた〝幻の城下町〟

江戸時代から続く壬生城下の町並み。
この町並みは、城や城下町を焼き尽くした火災からの復興の賜であった。
以前とは大きく改変された知られざる城下の町並みの変遷をたどる。

不変!? の町並み

壬生城下町は、壬生通の左右に町並みが続く構造だ。本章第二節ですでに触れているが、壬生一里塚の所に城下の南口（江戸口）があり、そこから南から北へ、表町・通町・新町を経て、北口（日光口）から日光方面へ抜けていく。途中から佐野道・結城道・宇都宮道などが分岐、表町には下横町・上横町、通町には舟町や搦手横町などの横町があったことを紹介した。

この町並みは江戸時代を通じて変わることなく、もちろん、日光社参の宿城となっていた時代もこの町並みだったと『壬生町史』をはじめ誰もが疑いを持っていない。町並みの変更といえば、元禄時代に城の東に大手門と馬出が造られたことによる大手口の変更と船町の新設、ということが従来からの定説だった。

壬生城下町南口（江戸口）
南口は、右折して左折する「升形（ますがた）」になっていて、脇には壬生一里塚があった。

平成五年の壬生町立歴史民俗資料館企画展「壬生城――その悠久の歴史」に向け日光社参関係の史料を検討していく過程で新発見があった。元禄時代の改修以前に、広範囲に、そして現在に残る町並みとは異なる町並みの変更が明らかとなった。『壬生町史』編纂では収集されていたが、通史編等では、全く触れられてはいない。

幻ともいえる「もうひとつの城下町」の存在を明らかにしたもの。それは「町並み」と「地名」、そしてこの二つの照合によるものだ。

消えた町並み

壬生城の絵図を見る上での大きなポイントが城の東側にある。大手口にある半円形の区画、丸馬出★の存在だ。丸馬出の有無で、その絵図に描かれている時代がわかる。馬出が描かれていれば元禄八年（一六九五）以降、描かれていなければ、元禄八年以前の壬生城の姿だ。

馬出のない古い壬生城を描いた絵図に、「下野国壬生城図」（国立国会図書館蔵）がある。壬生城の描き方は模式的だが、城下町の部分には多くの書き込みがあり、その中に、城下町の各町名と家の数が記されているが、実に興味深い町並みが描かれている。表町の町並みが城のすぐ南側に、東西に連なる姿で存在して、「風《ふ》呂《ろ》小路《こうじ》」や「小《こ》袋《ふくろ》町」など、現在にはその場所に見られない町が描かれている。

壬生城下町北口（日光口）
北口には左右に土塁があり、道の北側には番所があった。交差点のほぼ中央部が北口跡になる。

▼丸馬出
虎口を守る工夫のひとつ。虎口前に半円形に土塁や堀を築き、虎口への攻撃に備えた。

その反面、明治の廃城まで存在していた足軽長屋が、別の場所、なんと町の北と南に分散して描かれているのだ。

絵図ではないが、同時代の史料に「下野一国」がある。下野国内の道路や河川交通の里程を中心に調査、慶安四年（一六五一）三月二十九日付けで書き上げられた。正保国絵図作成に際して編纂された史料だ。壬生宿のデータを抽出、模式化すると、下表のようになる。ここでのポイントは、一里塚と南口の位置関係だ。「下野一国」では、一里塚と南口は六町四八間（約七四三メートル）の隔たりがあるが、現存する町並みでは、一里塚の所が南口であった、という点だ。

壬生宿模式図

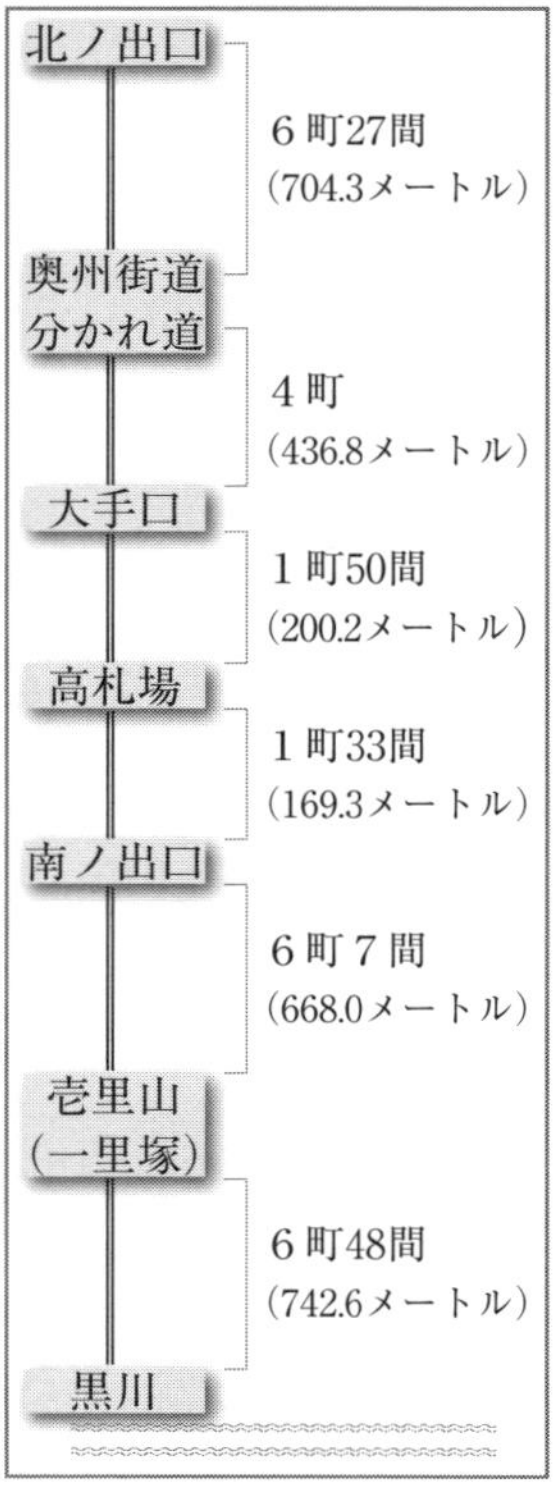

（『下野一国』を参考に作成）

変わる町名・忘れられた地名

前節で紹介した「壬生宿割帳」。そこに城下町の町名が記されていることに触れた。「壬生宿割帳」は寛文三年（一六六三）のほかに三冊、寛永十七年（一六四〇）、同十九年、慶安元年（一六四八）のものが現存している。たった四カ年ではあるが、町名を抽出して比較してみると、実に興味深い事実が明らかになった。

慶安元年までの三冊と寛文三年とでは、町名に大きな変動が見られるのだ。

寛永から慶安までの三冊には、風呂小路、こふくろ町（小袋町）、あくとの名称が見られるが、寛文三年には全く見られない。逆に、船町は寛文三年からしか見ることはできない。

明治初年に作製された「字切図」のうち、通町分については、小字名も明記されている（表町分には記載がない）。とくに注目されるものが「古表町」の存在だ。記されている地番から、壬生小学校の南側、お長屋通りの北側一帯の小字名であることがわかった。さらに、壬生バイパスと国道三五二号線とが交わる「本丸一丁目交差点」の北西に「並木足軽町」「足軽町北」の小字名が確認できた。

小袋町火元の火事は承応の大火

「古い城下町」の時代、大きな異変が発生した。城と城下町を焼き尽くした大火だ。

「大猷院殿御実紀」には、承応二年（一六五三）二月十一日の条に

「この九日、三浦志摩守安次が下野壬生の城、火災ありて城内ことごとく焼失せしよし注進あり」

と記す。承応二年二月九日に壬生城が全焼した、というのだ。

並木足軽町の現状

民家と田畑が広がる。奥に見える杉木立の下にある馬場（矢場）の稲荷がわずかに足軽町の存在を物語る。

江戸時代初期の火事の記録はもうひとつある。「宿城一件帳」の本丸御殿の記述の中だ。

「寛永・正保年御成の節は、南追手御成門ニて、此道筋ニ小袋町と申す（町）御座候ところ、癸卯年（寛文三年）御成前、此町より出火、大火ニ及び候故、只今の通り、町ヲ廻り申し候故、東追手御成門ニ罷成、云々」

とあり、その後、万治二年（一六五九）の本丸御殿の再建へと続く。

この二つの火事の記録のうち、「宿城一件帳」の火事の方は、「寛文三年以前」と年代は明確ではないが、万治二年よりは前であることは、間違いない。しかも、本丸御殿まで焼失ということから、城下町（小袋町）から城内へと延焼していったことを物語る。

年代的にもこの承応という年は、ちょうど慶安と寛文の間にあり、御殿が再建された万治二年よりも前の年代だ。これらのことから、「承応二年の大火」と「小袋町火元の大火」とは同じ火事、ということができる。

大火からの復興で消えた幻の城下町

絵図をはじめ、いくつかの記録を照合していくと、ひとつの城下町の姿が浮かび上がる。

この状況を明確に図示しているのが「下野国壬生城図」である。「壬生城下絵図」とは明らかに異なる町の姿が、そこに描かれている。最大の違いは、城の南部の広大な一郭。下台郭《しもだいくるわ》と呼ばれる区画である。そこには壬生通の両側に広がっているはずの表町が見られる。さらに表町の南方には小袋町、西方に風呂小路も見ることができる。この表町の位置は、現在の町並みでは壬生小学校とその南側の一帯となるが、このあたりの小字名は「地籍図」によると〈字城南字古表町〉であり、小字名からも裏付けられる。

また、町名ではないが、明治の廃城まで足軽長屋が割り付けられていた城の南側の曲輪は「下台郭」といわれるが、「宿城一件帳」には「下台惣曲輪」との表記も見られる。惣曲輪…城下町も抱え込んだ曲輪という意味も持つ名前が付けられた曲輪――その曲輪の歴史を想起させるものだ。

その城下町は承応二年二月九日、太陽暦では、三月中旬となるが、城下町南西部の火事が北に延焼したことから、春一番のような強い南風にあおられた火事であったと推測される。このように、承応二年の火事までの町並みと復興後の町並みには大きな隔たりがある。下台郭は「宿城一件帳」では〈下臺惣曲輪〉と記す。この位置ならば、南大手門の眼前に表町が広がることになり、まさに城下町を囲い込んだ意味の惣曲輪の姿が復原できるのである。承応二年の大火からの復興を図る中で、城下町の町割りについて、表町を中心とした町割りが大きく変更され

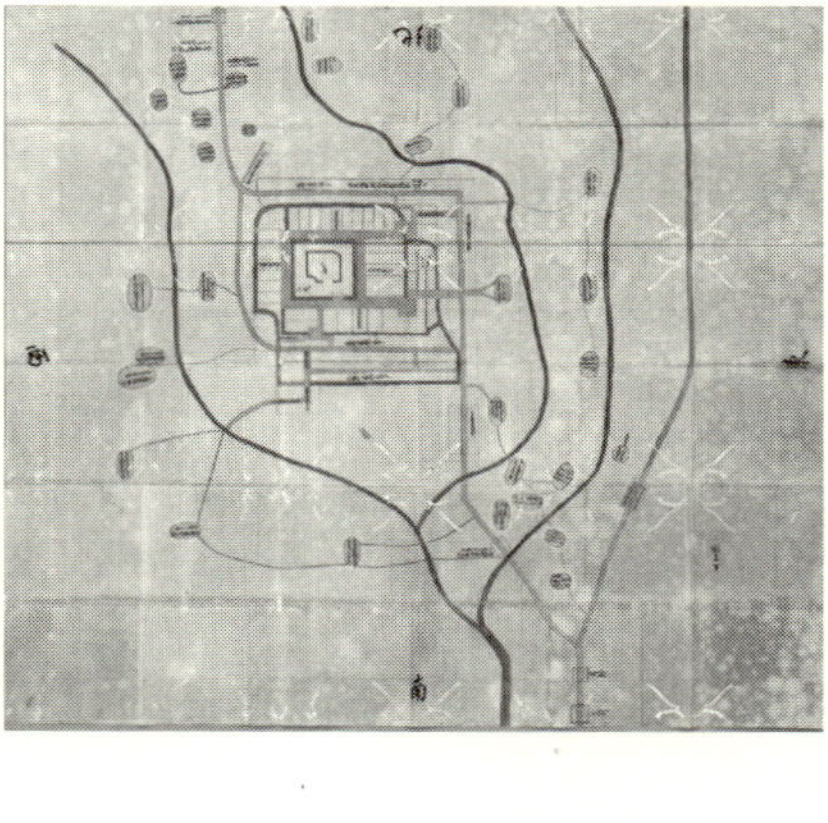

「日本古城絵図　下野国壬生城図」
（国立国会図書館蔵）

たことがわかる、ということである。

その城下町の町割りが変わるきっかけとなったのが、大火事という災害だ。その災害からの復興の過程で、表町をはじめとする町屋が曲輪の外に出て、入れ替わりに下級武士である足軽の組屋敷が建てられた。

そして、この町並みの変更は、必然的に大手口を東に変更させることになった。町並みが変わった後、それに呼応して寛文三年の日光社参では、御成門も南から東に変わり、宿城の際の入城ルートにも影響を及ぼした。

このように、城下町の町割りの変更と日光社参、宿城とは密接な関連があったことが明らかになった。

大手門の変更は、大火の後の城下町復興の中で町割りが変更されたことに基づくもので、日光社参の御成門として整備されたことも大きな要因であった。

大手門移設の理由を城下町を「城下町の繁栄のため」とする説が広く紹介されている。『壬生町史』（通史編Ⅰ）でも「そうに違いない」と表現されているように、史料により裏付けられたものではなかった。

⑤ 壬生城大改修

元和元年（一六一五）発布の武家諸法度以来、居城の改修は大きく制限された。現状維持が原則。しかし、幕府にとって有用な城には、その制限が緩和されることもあった。元禄年間、壬生城はその姿を大きく変えていった。

山本菅助と山本十左衛門の幸運

〝やまもとかんすけ〟と聞けば、武田信玄の軍師「山本勘助」（晴幸《はるゆき》）を連想されるだろう。軍記物（小幡景憲《おばたかげのり》★の『甲陽軍鑑《こうようぐんかん》★』）における架空の人物とされていた。近年、数家に伝来した古文書を基にした研究で、「山本勘助」は実在しており、「山本菅助」と表記された同一人物だとする説が有力になっている。江戸時代には、山本勘助の縁者であることを理由に、大名家に家臣として採用された山本菅助がいる。山本晴方《はるかた》だ。

山本晴方は、丹後宮津藩永井家で中老役として仕えていたが、延宝八年（一六八〇）藩主尚長《なおなが》の急死により、永井家は改易。浪人となった山本晴方が「山本勘助の縁者」として天和二年（一六八二）仕官したのが、常陸土浦藩松平（大河内）

▼小幡景憲
甲州流軍学の創始者。甲斐武田家の足軽大将小幡昌盛の三男。武田家遺臣のひとりとして徳川家に仕える。

▼『甲陽軍鑑』
甲斐の戦国大名武田氏の戦略や戦術を記した軍学書。武田信玄・勝頼の時代の合戦記事を中心に記述。軍記物の代表として名高く、記述の信憑性が疑問視されていたが、近年、その見直しが進んでいる。

家だ。当主信興は二万二千石で若年寄であった。山本晴方は、小幡景憲から甲州流軍学の奥義を伝授されており、新しい主君信興にも軍学者として認識されていた。天和三年「土浦御城御普請惣奉行」に任じられ、貞享二年（一六八五）には、「土浦御城真鍋口馬出」★縄張り★を命じられた。同四年には、家老となり五百石を給された。主君信興が、大坂城代、京都所司代と栄転していくと、大坂、京へと同行した。

元禄四年（一六九一）の信興急死の後は、松平家を相続した輝貞《てるさだ》に仕えた。三月六日壬生転封が命じられると、山本晴方は、壬生城代を命じられた。五月十一日には、壬生城受取の責任者として、三浦家との間で壬生城の受け取りにあたった。そのまま城代家老として壬生城に在住したが、十月十三日に壬生城で急死した。

男子のなかった山本家は、晴方の甥、市川菅之丞《すげのじょう》が十左衛門幸運《ゆきつら》と改名して相続した。山本幸運は、元禄六年十二月一日に壬生城の「御城御普請惣奉行」に任じられ、翌七年には、「壬生御城追手御門外丸馬出」縄張り★を命じられた。養父晴方が土浦藩で受けた処遇と同様の経過をたどっている。平和な時代、学んできた軍学の知識を、実践できる機会は皆無といえる時代に、ともに城改築の責任者として親子二代携わることができたことは、まさに「幸運」というほかない。

▼真鍋口
土浦城の搦手口。水戸街道に開かれた虎口で、丸馬出が二つ、連続して築かれていた。この形は、ほかに例がなく土浦城真鍋口独特の構造だ。

▼縄張り
城の曲輪の配置をはじめ土塁や堀、虎口の場所など城の基本設計。

藩主と二人三脚で壬生城改修

平成十五年、壬生町立歴史民俗資料館に二巻の巻物がもたらされた。「壬生御城御普請依御用　輝貞公御書頂戴」（以下「松平輝貞書状」と略す）と題簽《だいせん》があるこの巻物は、壬生城改修を伝説から歴史的事実に変える史料だった。

この「松平輝貞書状」の特徴といえるのが、壬生城改修にあたっての主君輝貞の詳細な指示だ。山本幸運からの伺いに対する松平輝貞からの指示が基本的な流れだが、新たに松平輝貞から指示、という場合も数多く見られる。仕様変更に際しては絵図の提出を必ず求め、場合によっては「木型」（模型）を提出させる。これらを検討して付箋等で指示をして返却する、という手順になっている。一カ所で数枚の絵図を求めている箇所もあり、資料は膨大な枚数になったとみられる。残念ながら、指示や報告に使われたこれらの絵図や木型は残っていない。

松平輝貞による壬生城改修——壬生城の歴史としてよく紹介されていることだが、根拠となる史料に乏しく、実は非常に曖昧な事柄だった。「押原推移録」の「同（元禄五）年より松平右京亮領す。此時追手、三日月堀普請也」や「壬生領史略」の「当城郭大手御門、松平右京大夫輝貞公城主たりし時、元禄年中東郭を築かれ、大手御門を建てられしとなり」という記述を根拠に、「東郭や大手門の新

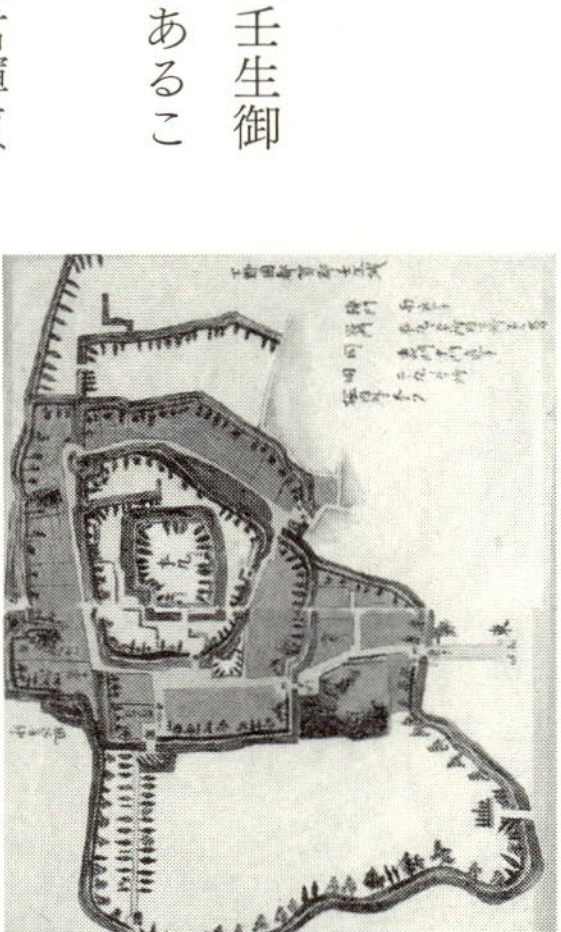

改修直前の壬生城　壬生城図（高崎市立中央図書館蔵）

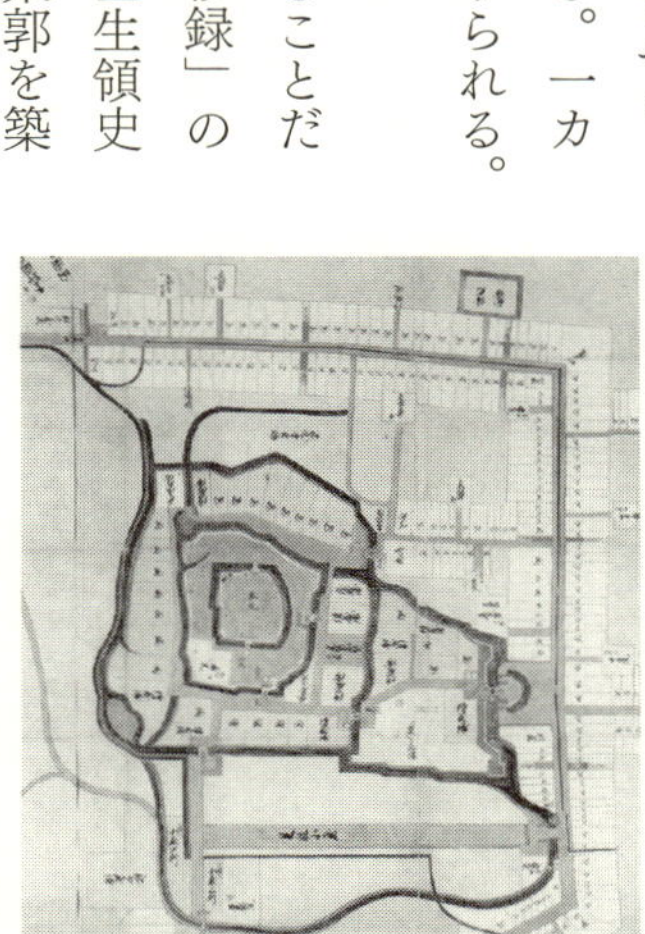

改修後の壬生城　壬生城下図（精忠神社蔵）

築」と「三日月堀＝丸馬出の築造」が語られていたのだ。「松平輝貞書状」が明らかにした「松平輝貞の壬生城改修」の要点は、次の三点だ。

①壬生城改修の始まりが、明確になったこと。

「松平輝貞書状」の一通目に記された、「六日巳之上刻、於㆓二之丸㆒興生寺護摩執行、無滞相済」の文言により、元禄六年十二月六日、興生寺住職による護摩執行、が起工式であり、十二月六日から壬生城改修が始められたことが明らかになった。

②壬生城改修の内容が明確になったこと。

土塁や堀の構築といった根本的な改修が、東郭に加え本丸にも及んでいた。とくに、本丸虎口の開け替えが、(元禄六年)三月四日付の書状にある「本丸明替候虎口橋之儀」の文言により、松平輝貞の壬生城改修のひとつであったことが明らかになった。

③壬生城改修の内容が明確になったこと。

本丸や追手口・馬出部分について、土塁・堀や塀の寸法が記されている。構造も、たとえば同じ土塀でも、本丸は太鼓塀、馬出は一重塀であったこと。また、狭間についても鉄砲狭間と弓狭間があり、外八文字★のみの構造であったことがわかる。塀については控柱に石打棚★の設えをしていたことも記されている。

元禄六年十二月六日に始められた改修工事は、翌七年十月十一日付の書状で「最早寒気ニ成」工事を中断し、「来春」再開することとして、大手門の用材の確

▼外八文字
狭間の開け方を示すことば。外側を凹ませて弓や鉄砲の照準を付けやすくした。

▼石打棚
語源的には、籠城戦の時に塀の上から投石をするための棚。塀と控え柱をつなぐ材木の上に板を渡す構造で、平時には板は外されている。狭間以外の射線確保のため、弓や鉄砲の射撃にも使われた。

保等の準備を指示している。その来春、元禄八年二月には、松平輝貞は江戸城神田橋門内の上屋敷に将軍徳川綱吉の御成があった。その席上で高崎藩に転封を将軍綱吉から直々に命じられ、五月には壬生を離れていった。松平輝貞と山本幸運、この藩主と普請奉行が二人三脚で進めてきた壬生城改修は、改修工事の完成を目にすることなく、工事途中で終わりを迎えた。

壬生城の変貌――大手櫓門と丸馬出

元禄六年十二月に始まった壬生城改修で一番変わったのが大手口だ。それまで路地の奥にひっそりと建っていた大手門は、街道に沿って約百メートル四方の空間（大手前広小路）に、前面に丸馬出を築き、その奥に二階建ての櫓門が建つ、全く新しい姿へと変貌を遂げた。その目的は、壬生城の表玄関、日光社参で将軍家の宿城となった際には、御成門となる門の整備を図った、ということだ。「松平輝貞書状」でも、「（大手門は）御成之時分之儀も存候得者、門丈夫に仕候様ニと思候間、左様ニ心得可申候」（二月十日付）と書いている。

馬出の土塁上に狭間の開けられた土塀、その向こうには一段高い土塁とそこに連なる馬出と同じ狭間のある土塀が立ちはだかり、その中央には、入城する者を圧倒するような櫓門が建つ姿は、まさに将軍家御成門としてもふさわしい威容だ。

壬生城大手門復原模型（考証・製作　笹崎 明／100分の１）
丸馬出と大手櫓門、左右に延びる土塁と土塀を復原した。
ＶＲ壬生城の原点となった。

とくに、丸馬出は、軍学でいう「真の丸馬出」。城側の塁線が馬出を包むように両側が迫り出し、馬出の虎口に側面攻撃を可能とした構造だ。大手門南側に築かれた櫓台は、七間（約一三メートル）四方の規模があり、御三階櫓の建築も可能な規模であった。

平成三十年、この大手櫓門と馬出が、ヴァーチャル・リアリティの技術により、現代によみがえった。壬生町の観光振興の一環として、壬生町によって進められた「VR壬生城」事業の第一弾だ。壬生町立歴史民俗資料館で一般に開放している。ぜひ、現代によみがえった大手門の威容を体験いただきたい。

壬生城の完成

承応の大火からの復興、元禄の大改修という二回の大きな工事を経て、壬生城は完成した。その姿は、一般の人々が思い描く城――石垣と水堀に囲まれ、中心には城のシンボルとなる天守（少なくとも三層。できれば五層）がそびえ立つ城――という姿ではない。天守はないし二階以上の櫓もない。城を取り巻く石垣はなくて、代わりに芝を張った土塁が巡っている。土塁の上も本丸・二の丸と大手口は土塀が建てられ、そのほかは柵が連なっていた。わずかに大手門と南大手門が、二階建ての櫓門というのが壬生城での高層建築であった。

明治時代の櫓台「神仙楼」
堀には蓮の葉が浮かび土塁上には「神仙楼」が見られる。

壬生城内には、壬生藩の拠点として、藩主の居館、藩士たちの屋敷や長屋、町奉行所や郡奉行所など藩として統治していくための諸役所が設置されていた。東西五町二〇間（約五八六メートル）・南北三町二〇間（約三六四メートル）の規模で、本丸以下二の丸、三の丸、東郭、下台郭、正念寺曲輪の六つの曲輪からなる壬生城は、三万石クラスの大名の居城としては申し分のない規模であった。

壬生城が、「日光社参での将軍家の宿城」という大きな役割があったこと。これは、壬生城を語る上で、強調しておきたい役割だ。

壬生城の終焉

完成から約百六十年間を生き延びた壬生城であったが、ついに、その終焉を迎えることとなった。明治二年（一八六九）十月五日、版籍奉還から半年後に、壬生県は、太政官《だじょうかん》に対して次のような伺い書を発する。

「當城郭門塀隍塁等、大破之場所、修理不行届候間、破損之儘、営繕不差加候テ　不苦候哉（壬生城の門や塀、堀や土塁で大破した箇所を破損したまま放置して良いか）」

これに対する太政官の返答は、「問フ処ノ如ク、妨ゲナキヲ以テス（質問のとおりにして差し支えない）」であった。目的は、士族授産のための用地の確保だった。

廃藩置県後の明治四年十月二十日、県庁用地、士族の居住する屋敷地を除く、城地の払い下げが布告された。二の丸の城主居所も例外ではなく、城地全体を十区画に分割して入札にかけた。入札の結果は左表のとおりだ。一カ所、「第六番割地　元大手門前町通り不残」は、落札金額が記されていない。大手門前広小路、丸馬出のあった場所だ。この入札から五年後の明治九年に行われた地租改正に向けての測量調査による実測図では、現在の大手門通りと道の両側に短冊状に分割された地割りが記載されている。間違いなく払い下げは完了していたことを示す。

壬生城は、明治五年の「廃城令」を待たずに、その姿を消していた。城地の払い下げの記録はわずかに残っているが、建物の払い下げの記録は見つかっていない。二の丸居宅や各種の蔵や小屋、塁上の土塀や門など、建築物は多数存在していた。壬生城のシンボルであった大手門さえも、その終焉は謎のままだ。

壬生城を物語るものは、ほとんど姿を消した。本丸跡の城址公園に見られる土塁や堀、城下町に生活用水を供給した御用水堀などは、整備の名の下に大きく姿を変えている。その中で、壬生城の遺構と伝わる門が数カ所ある。とくに鹿沼市の民家に残る門は、城址公園二の丸門建築の際、基になった門だ。その形態や鬼瓦の家紋から、松平輝貞による本丸新虎口（北の虎口）の高麗門★と見られている。

東郭櫓台の現状
住宅地の中の小公園にその痕跡が残された。

▼高麗門
門の形式のひとつ。主柱（鏡柱）の後方に控え柱を建て、屋根を冠木と直交する控え柱をつなぐ貫の上にも小屋根をかけた。開閉どちらの場合でも、門扉が屋根の下に収納できた。城門の代表的な形式。

壬生城縄張り

曲　輪

- Ⅰ．本丸
- Ⅱ．二の丸
- Ⅲ．三の丸
- Ⅳ．東郭
- Ⅴ．下台郭
- Ⅵ．正念寺曲輪

虎　口

- ① 本丸門
- ② 新虎口
- ③ 二の丸門
- ④ 巽門
- ⑤ 南大手門
- ⑥ 中門
- ⑦ 搦手門
- ⑧ 大手門
- ⑨ 四谷出口
- ⑩ 足軽町門

諸施設

- A 本丸御殿
- B 城主居宅
- C 精忠神社
- D 長源寺
- E 学習館
- F 会所
- G 御春屋
- H 作事役所
- I 城米蔵
- J 町奉行屋敷
- K 郡奉行屋敷
- L 厩
- M 馬場
- N 砲術矢場
- O 牢
- P 家老屋敷
- Q 武家屋敷（上級武士）
- R 小役人屋敷（中級武士）
- S 表長屋（下級武士）
- T 裏長屋（下級武士）
- U 下台新建長屋（下級武士）

- あ 火除土手 (p.110
- い 高札場 (p.60)
- う 本陣 (p.62)
- え 脇本陣 (p.64)
- お 時の鐘 (p.110)

城地払い下げ状況一覧

	割　地　場　所	坪　数（反　別）	落札金額
第壱番割地	元本丸外堀敷　四方不残	3,347坪（1町1反1畝17歩）	37両永141文
第二番割地	霊社前より東西南北堀敷迄	5,168坪（1町7反2畝8歩）	51両
第三番割地	操練場東西南北	2,855坪（9反5畝5歩）	80両永18文6分
第四番割地	元搦手門外より北西元長源寺裏迄	2,008坪（6反6畝28歩）	3両3分銀3匁7分
第五番割地	元搦手門外より南東元大手門外迄	2,523坪（8反4畝3歩）	5両
第六番割地	元大手門前町通り不残	1,526坪（5反26歩）	（金額記載無し）
第七番割地	元大手門外より密蔵院夫より馬場并南外堀敷迄	2,405坪（8反5歩）	130両銀3匁
第八番割地	新長屋南裏堀より中門入堀幷南門外迄	1,965坪（6反5畝15歩）	70両
第九番割地	南門外より西北元長源寺西迄	2,768坪（9反2畝8歩）	60両
第十番割地	字正念寺旧隍二ヶ所不残	920坪（3反20歩）	15両銀5匁3分3厘3毛

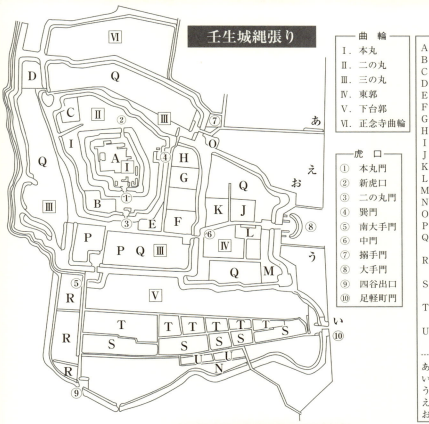

これも壬生

鳥居家ゆかりの寺社

吉祥寺（曹洞宗）

東京都文京区本駒込三ー一九ー一七

吉祥寺は、長禄二年（一四五八）に江戸城築城の際に、「吉祥」と刻まれた金印が発見された場所に太田道灌《おおたどうかん》が建立したのが起こりといわれる。のちに神田駿河台に移転し、明暦の大火後、現在地に再移転している。同寺には多くの大名家の墓が存在するが、現在は整備縮小されている。

鳥居家の墓地は加賀藩前田家の墓地に隣接し、墓域には九代忠燾とその室常子、十三代忠文の石塔があり、また三代忠恒の墓もある。

江岸寺（曹洞宗）

東京都文京区本駒込二ー二六ー一五

江岸寺は、慶長元年（一五九六）に神田駿河台に創建されたのち、現在地に移転している。墓地に入り最奥の石塀前に鳥居家二代忠政の墓所がある。同寺は鳥居家の菩提所で、五代忠則・七代忠瞭・八代忠意・十一代忠挙とその室聡子のほか婦女子の墓が建てられていたが、現在は二代忠政の供養塔を残すのみである。

なお、十四代鳥居忠一は昭和四年（一九二九）四月に江岸寺墓地整理が行われた際に、十一代忠挙の墓石を壬生町常楽寺に移し累代の墓所とした。

長源寺（曹洞宗）

福島県いわき市平字胡摩沢一三〇

慶長七年（一六〇二）、鳥居家二代忠政は初代鳥居元忠の勲功により磐城平城主として入封し、十万石を賜わる。長源寺は元忠の菩提を弔うため慶長十六年、忠政が建立した寺で、将軍家より御朱印地として百石が与えられた。現在の長源寺は昭和四十四年に再建されたものである。同寺には元忠の室貞子、六代忠英の墓も建てられている。寺の名は元忠の法名「清流院殿淵室長源大居士」による。

長源寺（曹洞宗）

山形県山形市七日町三ー三ー五

長源寺は元和八年（一六二二）、二代鳥居忠政が山形に入封するにあたり、磐城平長源寺にある元忠の位牌を持参し開基した。同寺は忠政の菩提所であるが、「俊嶽院峯山玉雄居士」の墓碑は寛永十七年（一六四〇）九月五日の忠政十三回忌に建てられたものである。

龍見院（浄土宗）

京都府京都市左京区田中門前町一〇三ー二〇

龍見院は、百万遍知恩寺の塔頭で、慶長十年（一六〇五）に鳥居元忠の菩提を弔うために創建された。伏見城落城後、大坂京橋口に晒されていた元忠の首を、京の呉服商で鳥居家に出入りしていた佐野四郎右衛門が夜陰に紛れて盗み出し、この寺に埋葬し墓所としたのが始まりである。寺の名は元忠の法名「龍見院殿嘉岳宗慶大禅門」

からとられている。

常楽寺（曹洞宗）

栃木県壬生町本丸一－一－三〇

常楽寺は壬生城の北にあたり、向陽山常楽寺という。壬生初代胤業はあつく禅門に帰依し、密教寺院だった常楽寺を禅宗に改め七堂伽藍を興した。「常楽寺」の寺名も胤業の法名「常楽寺殿亀雲道鑑大居士」による。明治十九年（一八八六）に十二代鳥居忠宝の墓が建造され、昭和四年（一九二九）に十四代忠一が江岸寺から十一代忠挙の墓碑を同寺に移したことにより、鳥居家累代の墓所となった。

精忠神社（神号 精忠霊神）

栃木県壬生町本丸一－九－一三

藩祖・鳥居元忠を祀る神社である。初めは壬生城二の丸の北西隅に元忠の霊を祀っていたが、寛政十一年（一七九九）の二百回忌、「精忠霊神」の号を受けたことにより本丸の北東隅に社を新築。嘉永二年（一八四九）元忠の二百五十年忌に二の丸北西隅に新築遷座し現在に至る。元忠の命日である八朔（旧暦の八月一日）の例大祭には勇壮な武者行列が行われたが、現在は新暦の九月八日に固定となり、行列に代わって鳥居家の武具を陳列している。御神体は、元忠が自刃した時に身に着けていた血染めの襯（肌着）である。

番外「血天井」が残された京の寺

関ヶ原の戦いの際、伏見城の守備についた鳥居元忠以下一八〇〇名の城兵たちは、四万の大軍に攻めたてられて全員討ち死に。城兵たちが凄惨な最期を遂げた伏見城の床板と伝えるものが、今も「血天井」として京の寺に残っている。

「血天井」が残された京の寺は、正伝寺（北区西賀茂北鎮守庵町七二）をはじめ、養源院（東山区三十三間堂廻り町六五六）、源光庵（北区鷹峯北鷹峯町四七）、興聖寺（宇治山田二七－一）、神応寺（八幡西高坊二四）、天球院（右京区花園妙心寺町四六）、宝泉院（左京区大原勝林院一八七）がある。

鳥居家旗印「鳥居」

鳥居家家紋「竹に雀（鳥居笹）」

これも壬生

みぶの寺社

将軍の尊骸《おこつ》を安置した「興光寺」

（壬生町通町七－十三）

興光寺は応永年間、大場良納上人によって福和田に開かれ、その後、三代将軍のご尊骸安置のため本陣松本家（崇雲院）の隠居所であった現地に移った。伽藍の規模は小さいが、旧増上寺に模して建立された。慶安四年（一六五一）、三代家光が亡くなり、四代家綱によってご尊骸を日光山に納めるとき、当山に安置され通夜が勤められた。これによって徳川幕府より「葵」の御紋が贈られ、寺宝のひとつとなっている。

興光寺に安置された徳川家光の位牌

壬生氏の祖を祀る「雄琴神社」

（壬生町通町一八－五八）

壬生町の総氏神、総鎮守と称えられる雄琴神社は、今から九二〇年前の寛治五年（一〇九一）、天照大御神、天武天皇、舎人親王を祭神に鎮守府将軍・清原武則の子孫保定によって創建され、当時は藤森神社と称していたと伝えられる。その後、戦国時代に壬生に初めて城を築いた壬生彦五郎胤業が壬生氏の祖である小槻今雄公を合祀して社殿を建て替え、社号を雄琴大明神と改めた。

円仁の誕生地「壬生寺」

（壬生町大師町一一－一七）

壬生寺は、天台宗の高僧円仁（慈覚大師）の誕生地として伝えられる。円仁を祀る大師堂は貞享三年（一六八六）日光輪王寺門跡の命を受けた当時の藩主三浦直次により建立され、皇室の仏師による円仁像が奉安されている。現在の本堂は寛永二年（一六二五）上野寛永寺内に建立された建物を大正二年（一九一三）に移築したものである。なお、この建物は天台宗学問所勧学寮として使用されていたもので、大正大学の前身にあたる。境内には円仁誕生の「産湯の井戸」がある。

歴代藩主の祈願所「興生寺」

（壬生町本丸二－一五－三一）

興生寺の開創は大同二年（八〇七）と伝えられ、文明十二年（一四八〇）に秀海法印によって再興された。その頃壬生の地を領した戦国武将壬生氏、とくに三代綱房のときに寺格が整ったという。当寺は代々壬生藩主の祈願所であり、真言宗の檀林所の格式を持ち、境内は朱印地として徳川幕府より安堵された。なお、慶安元年（一六四八）将軍家光による日光参詣の際、将軍の異母弟保科正之が止宿している。現在は真言宗智山派に属している。

第三章 名門鳥居藩の誕生

鳥居元忠の末裔が入封した江戸後期、安定した藩政が展開した。

精忠神社

◆1 藩祖 鳥居元忠

家康の幼少時からの側近、鳥居元忠。
伏見城で石田三成軍の足止めを行い、捨て石として関ケ原での勝利に貢献。
その忠義により譜代大名鳥居家の家祖として崇拝されることになる。

股肱の臣

鳥居家の出自については、多くの譜代大名と同様に不明のところが多い。鳥居氏の本姓は平氏で、初祖重氏《しげうじ》は別名を鳥居法眼《ほうげん》、二代忠氏は『寛永諸家系図伝』には「伝内、父子不和の事あるにより三州渡《わたり》に住す」とのみ記される。具体的な記事が現れるのは元忠《もとただ》の父、忠吉《ただよし》からであるが、忠吉についてもはっきり記されているのは清康《きよやす》・広忠《ひろただ》・家康の三代にわたって松平家に仕え、家康の幼少時に衣服や食糧の調達のために腐心したということだけで、軍功については不詳のため省略されている。

鳥居元忠は忠吉の三男として天文八年（一五三九）★三河国渡（渡里とも、愛知県岡崎市）に生まれた。長兄忠宗《ただむね》は渡合戦で戦死、次兄仁蔵（本翁《ほんおう》）は出家してい

鳥居元忠肖像
（常楽寺蔵）

▼**天文八年**
江戸時代に編纂された『寛政重修諸家譜』では生年を天文八年、鳥居家に伝わる『鳥居家譜』では天文九年としている。

たので元忠が家督を継いだ。

十三歳の天文二十年、今川氏の庇護下にあった当時十歳の竹千代（家康）に近侍するため父に従って駿府に赴いた。

永禄元年（一五五八）二月、加茂郡寺部《てらべ》（愛知県豊田市）の鈴木氏を攻めたのが家康の初陣であるが、これが元忠の初陣でもあったらしい。その後、遠江三方原合戦★で矢疵を蒙りながらも浜松城玄黙口《げんもくぐち》を固守し、遠江諏訪原《すわはら》攻めでは鉄砲傷を負い左足が不自由となる。天正十年（一五八二）八月の甲斐御坂《みさか》・黒駒《くろこま》合戦★では北条軍を破り、首三百あまりを獲る大勝利を収め、この戦功で甲斐国郡内《ぐんない》（山梨県都留市）を賜わるなど、その軍功は枚挙にいとまがない。豊臣秀吉は元忠の優秀さを見て自陣に引き抜こうと考えたのか叙爵を持ちかけたが、元忠は「三河譜代の臣として二主には仕えられない」と謝絶した。代わって嫡男忠政《ただまさ》が天正十六年四月に家康のほかの家臣らとともに叙任され従五位下左京亮《さきょうのすけ》となった。また忠政と秀吉の家臣滝川雄利《たきがわかつとし》★の娘・以与子《いよこ》との婚姻は承知したものの、忠政を滝川家の養子として秀吉配下に出仕させることは断ったという。

天正十八年（一五九〇）五月、豊臣秀吉による北条攻め、いわゆる小田原征伐に際して、元忠は北条氏房の守る武蔵国岩付城（埼玉県さいたま市）攻めで奮闘し、家臣三三名の討死、七十余名の負傷者を出したが、敵方からもその強さを賞讃された。家康の関東移封後は下総国矢作《やはぎ》（千葉県香取市）藩主となり四万石を領した。

▼遠江三方原合戦
元亀三年（一五七二）、三方原（味方ヶ原）において武田信玄と家康とが激突した戦い。武田軍の圧勝に終わり、元忠の弟忠広が討死した。

▼甲斐御坂・黒駒合戦
甲斐御坂峠・黒駒付近において徳川家と北条家の間で行われた戦い。約一万の北条氏の軍勢を元忠らが二〇〇〇の兵で撃退した。

▼滝川雄利
伊勢出身の武将・滝川一益より滝川の姓を与えられて織田信長・信雄に仕え、のちに功績により秀吉より羽柴姓を賜わる。

家康が武功を賞して感状を与えようとした際、元忠はこれを拒否した。子々孫々他家に仕える気持ちは毛頭ないので、軍功を他人に誇ったり、他君に仕える際に証拠にしたりするための感状は必要ない、というのが元忠の考えだった。これは三河譜代衆の一典型であり、とくに元忠は家康とは歳が近いために親近感が大変強かったのであろう。譜代魂の発露というべきものが、次に述べる伏見城での戦死であった。

天下取りの人柱

慶長三年（一五九八）豊臣秀吉が六十三歳で没した後、五大老・五奉行★の合議政治が行われた。五大老は徳川家康・前田利家・上杉景勝《うえすぎかげかつ》・毛利輝元・宇喜多秀家の五人であり、五奉行は長束正家《なつかまさいえ》・石田三成・増田長盛《ましたながもり》・浅野長政《あさのながまさ》・前田玄以《まえだげんい》の五人である。しかしながらこの合議政治は、誓書に誓書を積み重ねるだけで円滑に運営が進められることなく、家康と反家康の二大勢力を形成し、同五年の関ヶ原合戦に至る。その前哨戦のひとつが、伏見城の攻防だった。

天下統一を成し遂げた秀吉が没し、続いて有力大名の前田利家が没すると、家康が野望を持って天下取りへ動き出した。それに対して反発を強める石田三成、上杉景勝、小西行長《こにしゆきなが》らの武将と家康派との間に次第に不協和音が生じ、東西両軍

▼五大老・五奉行
豊臣政権における政治機関。五大老が最高合議機関、五奉行が政務執行機関とされるが、呼称などには異論もある。

の合戦が不可避の状況となっていった。
家康は六月十六日に大坂を出発し、十七日に伏見城に入った。家康はここで、鳥居元忠を守将として、内藤家長《いえなが》★とその子元長、松平家忠《いえただ》★、松平近正《ちかまさ》★らを副将とした。家康に対して元忠は「伏見には臣一人にて事足り候。変なく候はば、復《また》御目見も仕りなん。もし事あらば今夜ぞ永き御別れにて候」と覚悟を語った。元忠は家康が今川義元《いまがわよしもと》の人質だった幼少時代から近侍していた股肱《ここう》の臣だけに、家康はその心情を思って涙を流したという。そして翌十八日、家康は会津の上杉景勝を征伐するため元忠らを残して伏見を出発し、江戸へと向かった。

それからほぼ一カ月後の七月十五日夕刻、西軍の事実上の統率者である石田三成は、増田長盛の家臣を使者として伏見に遣わし、伏見城の開城を要求した。元忠らはこれを拒絶。元忠は「この城を守ることは主君の命なり」と返したと伝えられる。

伏見城を守る将兵は一八〇〇人だったという。元忠は本丸、副将の内藤家長が西の丸、松平家忠、松平近正が三の丸に籠った。大坂城中では三成派の武将らが軍議を開いて伏見城攻撃を決し、小早川秀秋、宇喜多秀家、島津義弘、毛利輝元らを攻城軍とした。西軍は七月中旬に大坂城を発して夕刻に伏見城を囲み、西側より攻めた。二十日から二十四日までの五日間、鉄砲隊を中心に攻め立てたが、守りが堅く一歩も城内に入ることはできなかった。

▼内藤家長
元忠と同じく三河譜代の臣で、のちの延岡藩内藤家の祖。子の元長は当時十六歳。

▼松平家忠
徳川家一門の深溝松平家当主。『家忠日記』の著者としても知られる。

▼松平近正
徳川家一門、大給（おぎゅう）松平家の分家。家康の関東入府に際して本家より独立し、家康に仕えた。

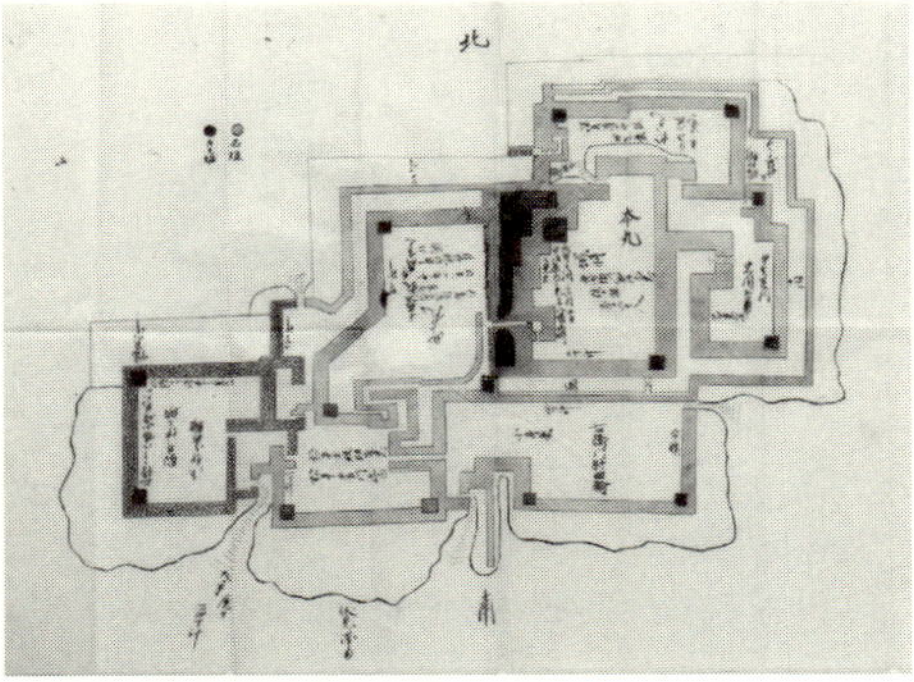

伏見城図（常楽寺蔵）

やがて、攻め手側に被害が広がる。攻城軍は二十五日から晦日《みそか》までの間、島津・毛利軍は西から、宇喜多軍は東から、小早川軍が北から攻め立てたが、攻城軍の損害がかなり出て、どの一角をも占領することができなかった。

ついにしびれを切らした三成自身が近江佐和山《さわやま》城から督戦に駆け付けた。二十九日夜半からの総攻撃を決議、一時は島津軍が城内に突入する寸前まで行ったが、守城軍の松平軍が何とか撃退した。一方で西軍の小早川が火矢を連続して放つなど、一進一退を繰り返すまれにみる激戦だった。

膠着状態を破ったのが、守り手側の甲賀《こうか》衆★の一部の動きだった。八月朔日（一日）甲賀衆のひとり鵜飼藤助《うかいとうすけ》が城内の深尾清十郎《ふかおせいじゅうろう》★に「甲賀に残した妻子をことごとく磔にする。ただし城内に火を放って内応すれば、妻子の命を助けた上で恩賞を与えよう」という内容の矢文を送り付けたという。驚愕した甲賀衆が内応を決断、松の丸に放火したことによって火災が起こり、その火は名護屋丸にも及ぶ。小早川軍がこの混乱に乗じて城内に突入、ついで元忠率いる守備軍にも相次いで討ち死にが出て、副将の近正も戦死、家忠も自害し大勢は決した。

八月一日、火は天守にもかかったが、元忠は「自害することは守将たる者の本意ではない。刀の目釘が折れるまではひとりになっても敵兵を滅ぼして斬り死にすべきだ」と言って手兵二〇〇を率いて突出、壮絶な戦いを遂げた。

元忠は身体に数カ所の傷を負って手兵の大半を失い、十余人を従えて本丸に

鉄錆地椎実形兜　鳥居元忠所用（精忠神社蔵）

▼甲賀衆
近江甲賀を本拠地とする地侍集団。江戸時代になると忍びの者として徳川家に仕え、その名が知られるようになる。

▼深尾清十郎
近江の人。近江の代官と甲賀衆五・六〇人を率いて伏見に籠城した。

入ると、薙刀《なぎなた》を杖とし石段に腰をおろした。西軍の雑賀孫市重次（鈴木孫三郎★）がこれを見て槍を構えて迫った。元忠は「わしは当城の守将鳥居元忠じゃ、来い」とおもむろに薙刀を執り上げて立ち上がった。重次は槍を伏せてひざまずき、「わたしは雑賀孫市重次と申しまする。本丸は炎上しております。万事はこれまででござりまする程に、御自害なされませい。謹んで御首を賜りまして、のちの世までの名誉と致しまする」と告げる。元忠は潔く自害し、重次は恭しく一礼しにじりよってその首を収めた。時に元忠六十二歳だった。

城兵一八〇〇人はことごとく倒れ、伏見城は陥落した。一方、攻城側の西軍の死傷者は約三〇〇〇人に上ったという。総攻撃は実に十三日間にわたった。まさに元忠は、家康の天下取りの人柱となったといえよう。

元忠の首は大坂の京橋口にさらされたが、元忠の恩を受けていた京都の商人佐野四郎右衛門が盗み出し、「百万遍知恩寺《ひゃくまんべんちおんじ》★の寺中、龍見院《りゅうけんいん》に葬った。元忠没後は、長男康忠は天正十八年に甲斐で没していたため、二男忠政が家督を継いだ。

栄枯盛衰

関ヶ原の戦い後、家康は忠政に六万石を加増し、陸奥国磐城平（福島県いわき市）十万石の藩主とした。この加増は、同じく伏見城で討死した内藤家長の子へ

▼雑賀孫市重次（鈴木孫三郎）
鈴木（雑賀）重朝の二男で、一族で初めて「雑賀孫市」を名乗った人物。鉄砲大将として秀吉に仕え、関ヶ原の戦い後は水戸徳川家に仕え、伏見城攻めに参加。元忠の子である忠政とも交流があった。

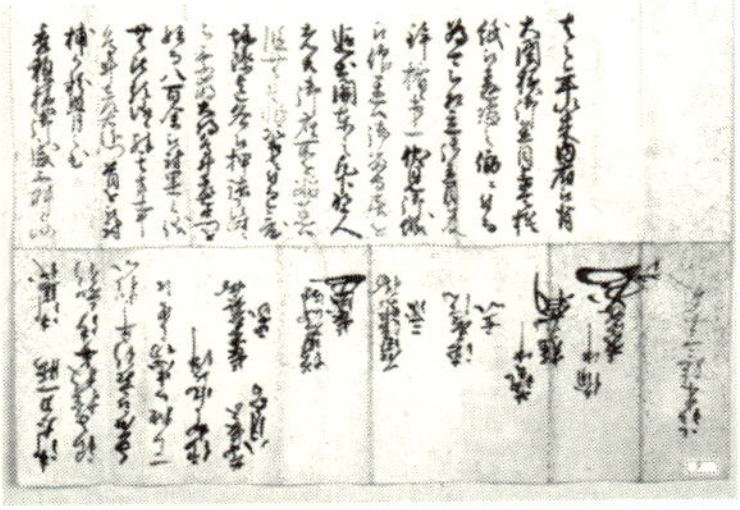
鈴木孫三郎宛豊臣秀頼感状
（日光市圓光寺蔵）

▼百万遍知恩寺
龍見院は知恩寺の塔頭寺院のひとつで、寺名は元忠の戒名からつけられている。後述。

の一万石、松平家忠の子忠利への加増なしと比較すれば破格のものであった。

忠政は永禄九年（一五六六）生まれ、天正十二年（一五八四）父に従って参戦した長久手《ながくて》合戦《かっせん》★で首級を挙げる戦功があり、元和八年（一六二二）に加増され出羽国山形（山形県山形市）で二十二万石。寛永三年（一六二六）にも加増され二十四万石の大名となり従四位下に叙任された。同五年に六十三歳で没したが、長久手合戦以外に目立った戦功がないにもかかわらず二十万石の大身となったのは、父元忠の遺徳というべきである。

しかし、忠政の後の鳥居家は波乱を極めた。忠政の子鳥居忠恒《ただつね》★は寛永十三年（一六三六）七月に三十三歳で没したが嗣子がなく、死の間際に他家の養子となっていた弟忠盛を呼び返そうとしたことが不法とされ領地を没収された。

「父祖の旧功」によって忠盛の弟鳥居忠春《ただはる》★が信濃国高遠《たかとお》（長野県高遠市）に三万二百石を与えられて家は続いたが、寛文三年（一六六三）に大坂城代となった忠春が家臣に害され四十歳で死亡。次代の鳥居忠則《ただのり》★は家臣の扱いに問題があったとして処分を受け、閉門中の元禄二年（一六八九）に四十四歳で死亡した。

跡を継いだ忠英《ただてる》は、父の行状が悪いことを理由に、本来は領地をすべて没収すべきところ、「先祖の勲功」によって一万石での存続が認められた。『土芥寇讎記』では忠春・忠則の二代はともに美女に戯れて乱が起こったとの批判的な見解を示している。

▼長久手合戦
小牧・長久手の戦い。尾張を中心に織田信雄・徳川家康の連合軍と羽柴（豊臣）秀吉軍が争った。

▼鳥居忠恒
鳥居家三代（慶長九年（一六〇四）―寛永十三年（一六三六））。忠政の長男。出羽山形二十四万石の藩主。

▼鳥居忠春
鳥居家四代（寛永元年（一六二四）―寛文三年（一六六三））。十三歳で兄忠恒の跡を継ぐ。

▼鳥居忠則
鳥居家五代（正保三年（一六四六）―元禄二年（一六八九））。忠春の長男。

一万石という大名としては最低の石高まで下落した状態で鳥居家を継いだ鳥居忠英は、その才能が幕府に高く評価される。元禄八年には一万石を加増されて近江国水口（滋賀県甲賀市）に移封、奏者番・寺社奉行を経て正徳元年（一七一一）若年寄となった。翌年、さらに一万石を加増されて下野国壬生藩主三万石となり、以後転封されることなく明治維新に至った。

鳥居氏略系図

＊鳥居元忠を中心に据えた系図であり、―は実子関係、＝は養子関係を表す
＊初代から12代までは大名、13〜15代は子爵
＊1〜7は壬生藩鳥居家

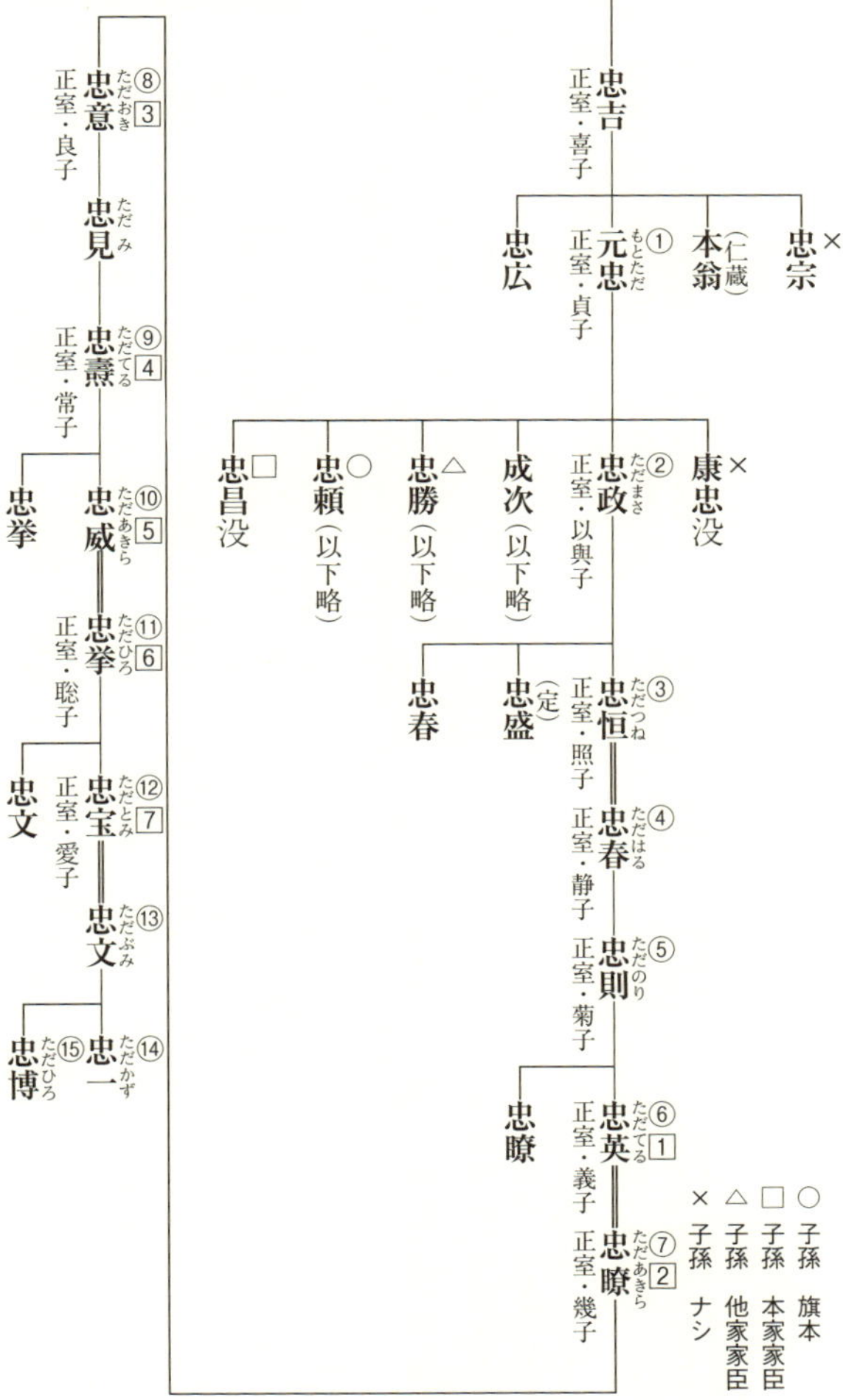

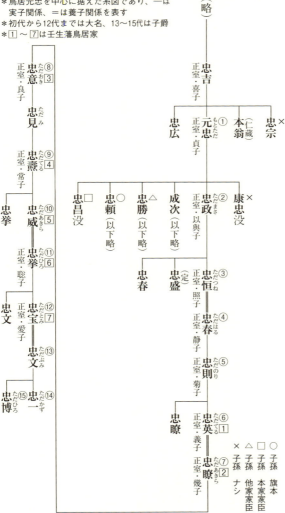

②

藩主 忠英・忠意・忠挙、要職に就く

打ち続く不運により、鳥居家は一万石の小大名にまで降格された。
六代鳥居忠英は自身の才能により壬生藩三万石の藩主となり鳥居家を再興。
名門関東譜代として、また要衝壬生城の主として使命を果たす。

非凡な才能

鳥居家は三河以来の譜代大名であったが、前述のように六代忠英が家を継いだ際には能登国下村《しもむら》（石川県七尾市）一万石の小大名になっていた。忠英はその才能が幕府に認められ、幕閣内で出世するとともに、元禄八年（一六九五）には二万石の藩主として近江国水口に移封となる。生来文学と武芸を好んだ忠英は、各地から師を招聘して直接教えを受けたが、その中には京都在住の大学者、伊藤仁斎もいた。鳥居家はその後間もない正徳二年（一七一二）に下野国壬生に転封となり、壬生藩鳥居家が誕生。水口で培った学問の基礎が壬生でいよいよ実践に移される。

壬生藩鳥居家の初代となった忠英がまず取り組んだのが、度重なる藩主の増税

鳥居忠英肖像
（常楽寺蔵）

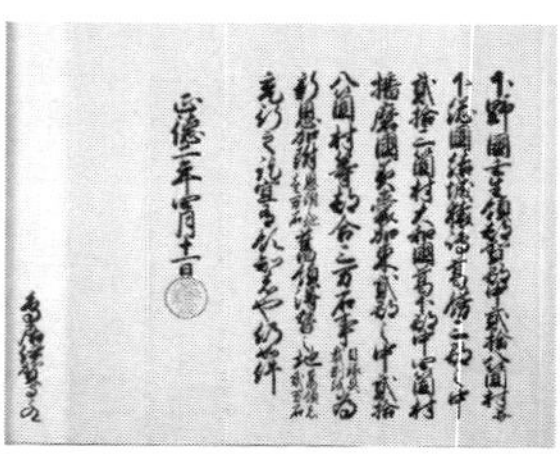

鳥居忠英宛朱印状
（常楽寺蔵）

策と出費、とくに前藩主の年貢増徴策に端を発した百姓一揆「七色掛物反対越訴★」事件で疲弊した藩政の立て直しであった。転封の翌年である正徳三年には人材養成を目的として学校を創設した。「学問所」と呼ばれるこの学校は、のちに藩学「学習館」へと発展する基礎となったもので、文学の師として仁斎の子である伊藤東涯《とうがい》★を迎えている。「学問所」は藩学としては栃木県下の諸藩で最も早い時期に創設されたものであり、忠英がいかに学問、とくに儒学を重要視したかが見て取れる。忠英は藩内の殖産興業にも力を入れ、のちの時代に「栃木県産かんぴょうの祖」（後述）としての伝説が生まれる基となった。

田沼政治の後始末

鳥居忠英の孫にあたる鳥居忠意《ただおき》（鳥居家八代、壬生藩鳥居家三代）は傑物といわれ、鳥居家の歴代当主で幕府老中となったのは忠意のみである。

十代将軍徳川家治は、側用人から出世した老中田沼意次《たぬまおきつぐ》（一七一九―一七八八）に一切の政務を任せ、「そうせい将軍」といわれたという。

忠意は享保二十年（一七三五）徳川吉宗の代に壬生藩主となり、奏者番と寺社奉行を兼職。宝暦十年（一七六〇）には若年寄となり大御所★徳川家重★付きとなったが、家重の死去と同時に若年寄を辞した。

鳥居忠英所用具足（壬生町立歴史民俗資料館蔵）

▼「七色掛物反対越訴」事件
前藩主加藤明英（在任：一六九五―一七一一）が国替の費用を補うために、年貢に加え〝七色の掛物〟に課税したことに対して起こったといわれる百姓一揆（『東洋民権百家伝』）。七色の掛物とは、米のほか、大麦、大豆、稗、荏油、真綿、紅花、麻苧にかけられた税のこと。

▼伊藤東涯
伊藤仁斎の長男で儒者。仁斎の生前から家塾「古義堂」の代講を務め、死後も仁斎の著作の改訂を継続して行った。

▼大御所
将軍職を引退し、隠居した前将軍に対する敬称。

▼徳川家重
九代将軍。前将軍吉宗の長男。健康に問題があり、側近に政治を任せることが多かった。

しかし、同十二年再び奏者番となり、寺社奉行を兼ねた。その年徳川家治の子家基《いえもと》★付きとなり、西の丸若年寄となった。安永八年（一七七九）家基の死去に伴い、以後若年寄の末席に列するよう家治より仰せ付けられた。天明元年（一七八一）若年寄から西の丸老中となり、田沼失脚後は失政の事後処理にあたった。同六年、徳川家斉が将軍になるとともに白河藩主で徳川吉家の孫松平定信（一七五八―一八二九、号は白河楽翁）と並んで老中となり幕政立て直しをはかり、いわゆる寛政の改革を断行、寛政五年（一七九三）七十七歳で眼病を患い引退するまでその職にあった。忠意は終生にわたり家斉から厚遇されたが、このころ壬生領では農村人口の減少など荒廃が進んでおり、領内損亡を理由に公金の拝借が行われた。

▼徳川家基
十代将軍家治の嫡男。安永八年（一七七九）、十八歳で急死した。

ペリーの防御

壬生藩鳥居家六代忠挙《ただひろ》は、文政九年（一八二六）に兄鳥居忠威《ただあきら》の養子として家督を継ぐ。その後奏者番、西の丸若年寄と順調に幕閣内での地位を高め、嘉永六年（一八五三）には若年寄となった。ちょうどこの年、アメリカの使節ペリーが黒船四艘を率いて浦賀に来航し、忠挙も幕閣の一員として、また譜代大名としてその対応に追われた。さらに、これらの外患に対抗するための出府の費用や御用金、人員の手配など、度重なる幕府御用により藩内経済は疲弊の一途をたどって

鳥居忠挙肖像
（常楽寺蔵）

いた。忠挙は藩主就任後間もなく、「殿様無尽」★の実施など大胆な財政改革を実施。それと並行して人材育成・登用を目標に藩学の学制改革を行い、文武両道と「実践適用」を指針として掲げたが、在任中の安政四年（一八五七）に四十三歳で急死した。

忠挙の政策で特筆すべきは、実学重視の精神から蘭学を導入したことである。壬生藩では享和元年（一八〇一）に蘭方医齋藤玄正《さいとうげんしょう》★を召し抱えたが、その後継者である二代齋藤玄昌《げんしょう》や石崎正達《いしざきしょうたつ》ら藩医に江戸遊学を命じ、西洋医学を習得させた。この二人を会主として天保十一年（一八四〇）には壬生上河岸の刑場で解剖が行われ、「解体正図」がまとめられた。さらに嘉永三年（一八五〇）には齋藤玄昌により種痘が実施されている。また、西洋医学の導入により外科の技術が発達し、のちの天狗党争乱や戊辰戦争の際、銃砲などの戦傷に対応できる藩医を動員することが可能になった。

壬生藩はまた、両毛諸藩の中でいち早く西洋砲術を導入した藩のひとつでもある。韮山代官である江川坦庵《たんなん》が高島秋帆《たかしましゅうはん》★より西洋砲術を学び、天保十三年に諸藩士への伝授が許可されると、壬生藩では藩主鳥居忠挙が坦庵と交渉し、翌年には早速、藩士友平榮《ともひらさかえ》を入門させている。免許皆伝を受けた友平は嘉永三年に高島流（西洋）砲術師範となり、江川家の配下として江戸湾の警備に携わる一方で、藩内で高島流砲術の演習を行い、大小砲や弾丸の鋳造にあたった。

▼「殿様無尽」
壬生藩が実施した財政再建策。無尽とは加入者が拠出した出資金を融資する金融の一形式だが、この「無尽」は藩領の村々へ国役高に応じて強制的に出資金を割り当てたものであり、新たな収奪の構造を作り出す結果になった。

▼齋藤玄正
？―文政三年（一八二〇）、諱は三生。梁田郡羽刈村（栃木県足利市）に生まれる。享和元年（一八〇一）、壬生藩主鳥居忠熹に仕え給人医師となり、十人扶持を賜わる。

▼高島秋帆
長崎出身。長崎町年寄として洋式砲術を学び、アヘン戦争をきっかけに幕府に洋式砲術の採用を進言。徳丸原の演習後に一時蟄居を命じられるが、ペリーの来航により許され、幕府講武所で砲術指南役を務める。

3

城下町のにぎわい

壬生の城下町には、宿場町や米麦を生産する農村としての顔があった。壬生通と黒川が交差する水陸交通の十字路は、河岸が発達していた。そこには日々生活を営む人々がいた。

壬生城下町の姿

壬生城下町は、近年の大師町（旧新町《あらまち》）の区画整理や東雲《しののめ》橋の掛け替えなどにより、城下町北部に景観の変化もあるが、壬生通を中心とした町並みは、現代の町並みにも受け継がれている。宿としての城下町は、先に（第二章第二節）触れている。ここでは、生活の場としての城下町について紹介しよう。

城下町の人口についての史料は少ないが、一一五頁の表のようになっている。城下町の人口は、傾向としては時代が下るにつれ、減少している傾向が見られる。延享三年では二割減。天保十四年には正徳二年の三分の二に減少している。

城下町内を通る壬生通の中央には、用水路が通っていた。赤塚村（鹿沼市赤塚）で黒川から取水して、流域の磯・七ツ石・上稲葉・下稲葉の各村々と城下町の田んぼを潤していた。嘉永二年（一八四九）に精忠神社《せいちゅうじんじゃ》造替の竣工式に招かれた齋藤彦麿（第四章三節で触れる）は、この用水路を「御城前往還にある町の正中に一筋の小川あり。水いと清し」と記し、この流れにウナギを漬け置いていた（そのウナギを振る舞われ、立派で味も良かった）とあるように、この用水は、田んぼだけでなく城下町の生活用水としても利用されていた。壬生通に沿って南下した用水は、城下町の北の入口（日光口）の南方で二本に分岐した。一本は、町通の中央を新町から通町と流れ、高札場の付近で左（東）に折れ、清水欠の田んぼを潤す流れと下台方面への流れの二本に分岐して、黒川に至った。

もう一本は、三の丸の濠に沿って流れ、南大手門の南方で下台郭の中に入り、南大手門前で右（南）に折れ四谷口に向かったのち左（東）に折れ、表長屋前の道に沿って流れたのち密蔵院西方で曲輪の外に出て、通町と表町の境付近から壬生通の中央を流れて江戸口から城下町の外へと流れて出る。この表町を流れるルートは、下台郭に入る所で二メートル余の高低差があるため、土地の低い所から高い所へ水を流す工夫として、水路を何度も曲げて水に勢いを付け、高低差を乗り切っている。この屈曲の部分は俗に「七曲り」といわれ、近年の「御用水堀」改修まで、明確に残っていた。

壬生通のなかで、どちらの用水路も通らない部分があった。現代の町並みでは、壬生駅入口交差点北方から壬生派出所の間の部分だ。

この辺は台地の東端にあたり、壬生通と交差するあたりは南方に向かって若干の上り坂となる。「切絵図」に「だらだら」と記されている場所で、文字どおりだらだらとした上り坂だ。さすがに用水を通すことができず、この部分だけ途切れたものと考えられる。

なお城下町の飲用水については、「宿村大概帳」に「呑水ハ掘井を用ゆ」とあり、井戸を掘って飲用水を確保していた。

城下町での生活に関連する事柄として、時の鐘があった。三浦明敬の時に始まり鐘撞きの扶持は、藩から支給されていたこと、鐘は興光寺の鐘を使っていること、などが記されている。明治四年（一八七一）十二月付で興光寺から提出された願書には、嘉永六年（一八五三）の伊勢屋火事で鐘楼堂が焼失してしまって以来休止していた時の鐘の復活が記されている。幕末まで、一日に四回城下町の人々に時を知らせる鐘は、興光寺の梵鐘が使われていた。

火事との関連で紹介すると、城下町には「火除土手」が造られていた。「壬生城下町図」や「壬生通分間延絵図」には、壬生通の両側に五カ所土塁が描かれ、「火除土手」と記されている。目的としては、火災の延焼を防ぐためのものと考えられるが、現在わかっている火事で、この火除土手が火を防いだ記録は見られず、当初の意図のようには働いていなかったようである。

火除土手五カ所のうち、四カ所までは通町にあり、表町には、南北に長い表町のほぼ中間に一カ所見られるだけである。この土塁は、新町／上通町／中通町／下通町／上表町／中表町・下表町というように、町内の区切りにもなっていた。

現在は、搦手通り入口北側、民家の垣根の下部にある長さ一〇メートル余×高さ二メートル余の土塁が火除土手の唯一の遺構だ。

城下の暮らしと生業《なりわい》

「両町明細帳」には「商売 幷《ならびに》 諸職人」として列挙されている。業・職種ごとにまとめたものが一一五頁の表だ。二九種、一二七人の商・職人が記されているが、業・職種、人数とも通町の方が多いことがわかる。商人と考えられる米屋から薬種屋までの一一の業種でも、表町の二一人に対し通町は五一人と倍以上もの差があり、これを見るかぎりでは、商売の中心は通町にあったことが窺える。

ここに記された商・職人は、生活に密着したものがほとんどである。そのうちでも「とき鞘師」や「舟大工」などが見られることは、城下町や河岸といった当時の壬生の町の特徴を示している。

なお、屋根葺きの職人で、板や萱《かや》屋根葺きの職人はいるが、瓦屋根葺きの職人が見られないことから当時の町屋の屋根は、板葺きや萱葺きがほとんどであったことの表れであると考えられる。

火除土手遺構

商・職人が商売する場が、市であり見世である。市について「明細帳」では、「当町市場」として次のように記されている。

「四日・九日・十四日・十九日・廿四日・廿九日　以上六日通町

二日・七日・十二日・十七日・廿二日・廿七日　以上六日表町」

というように、月のうち通町では四と九の日に、表町では二と七の日に市が立つ、「六斎市」が行われていたことが記されている。表町については「只今ハ市立不申候」と正徳二年には市が廃れていることも記されている。天保十四年（一八四三）の「宿村大概帳」には「此宿市立なし」というように、通町でも市が行われなくなっていた。

見世について「壬生通町屋敷並尺間数書上帳」によると、通町一六八軒のうち一八軒に「見世」と記されている。見世と一体形の家は、船町との分岐点付近から宇都宮道の分岐点付近との間に集中しており、上通町・中通町のあたりが当時の繁華街であることがわかる。見世の構造は記されていないが、四畳から一二畳の広さで畳敷が多い。板敷や筵《むしろ》敷の見世も数軒見られる。

「城代日記」には、見世に関して次のようなことが記されている。「通町問屋半兵衛隣の伴右衛門が見世にするため、表通に庇を四間にわたって取り付けたいとの願い出に対して、半兵衛寄りの一間を残した三間で許可がおりた。ところが「庇がないと商売物に差支える」とのことで「杉皮で釣日覆《つりひおおい》★にしたい。通行

▼釣日覆
日除けのための庇。通行の邪魔にならないように固定せず、必要に応じて吊り下げて使用した。

に差支えるときは取り外す」ことで再度願い出ている。伴右衛門の商売は不明だが、見世が通りに柱を建て庇を出した構造になっていた所もあることを示している。「壬生領史略」には、母屋に庇の付いた家々が通りに沿って並んでいる姿が描かれている。これらは見世と考えられ、「大手御門広小路」から「御高札場」にかけての下通町あたりや宇都宮道の分岐点の付近が描かれているが、「壬生通町屋数並尺間数書上帳」の時代よりも見世が増えていることを想像させる。「宿村大概帳」には、「農業之外、旅籠屋は旅人之休泊を受。またハ食物商ふ茶店有

城下町の商人・職人一覧

（人）

		表町	通町	合計
商人	米屋	2	6	8
	油屋	2	3	5
	穀屋	1	2	3
	塩屋	4	10	14
	肴屋	2	3	5
	味噌屋	–	3	3
	糀屋	2	–	2
	小間物屋	4	17	21
	紺屋	3	5	8
	薬種屋	1	–	1
	鍋屋	–	2	2
職人	鍋鋳掛	1	1	2
	鍛冶屋	3	6	4
	大工	9	3	15
	桶屋	2	2	5
	萱屋根葺	2	1	4
	板屋根葺	1	1	2
	壁塗師	2	2	3
	木挽	2	1	4
	唐傘・提灯張	1	1	2
	檜物屋	–	1	1
	金具彫物師	–	1	1
	とき鞘師	1	–	1
	筆屋	–	1	1
	指物屋	–	1	1
	仕立屋	–	2	2
	舟大工	–	1	1
	乗物屋	–	1	1
計	業・職種数	19	25	28
	人数	45	77	122

城下町人口一覧表

	『両町明細帳』（正徳２：1712年）	延享３年（1746）調	『宿村大概帳』（天保14：1843年）
表町	1,552人（男 847人／女 705人）		
通町	1,652人（男 907人／女 744人）		
合計	3,204人（男 1,754人／女 1,449人）	2,555人（男 1,454人／女 1,101人）	1,870人（男 1,000 人／女 870 人）

之、其外諸商人多し」とあり、城下町の繁盛ぶりが記されている。

市や見世で売られた品々として、「両町明細帳」には「当地商売物」として品々が挙げられ、品目ごとに示すと、次のようになる。
＊穀　物…米・橋米（もちごめ）、大麦・小麦、稗、大豆・小豆。
＊食料品…牛房（蒡）、蕎麦、塩、肴類、酢・醬油、干物、煙草。
＊衣料品…布・木綿類、絹、小間物、荒物。
＊肥　料…粉糠、干鰯、焼酎粕・油粕。
＊燃　料…薪、炭、油。
＊その他…紙類、縄、板・敷居・鴨居・戸ぶち・戸桟。
これらの品々のうち城下町周辺で産出しない物は、ほかから買い込んで商売していた壬生河岸での移入品（次項で触れる）も見られる。たとえば、絹については、産地である上州（群馬県）から商人が来て商売をしていた。生活必需品を中心に、いろいろな品物が売られていた。

河岸のある城下――壬生五河岸

壬生城下町の大きな特徴のひとつが、「河岸」のある町だ。俗に「壬生五河岸」と呼ばれ、城下町の東を南流する黒川に設置された。壬生城下町の河岸は、思《おもい》川《がわ》水系の中で最も上流にあり、思川から黒川へと遡航する終点にあった。運送上も馬一頭が運ぶ荷は米俵二俵が限界だが、壬生河岸で使われた川舟は、最低でも五〇俵、五〇〇俵積んだとの記録もあり、馬よりも格段利便性があった。その利点を最大限に利用できる河岸を持っていたことは、城下町を商品流通の拠点としての繁栄をもたらした。

壬生河岸がいつ成立したのか？　それは明確ではない。慶安四年（一六五一）の「下野一国」には、壬生河岸がすでに書かれている。元禄三年（一六九〇）に幕府による江戸までの「道法と運賃」を公定した一覧にも、思川系統の河岸として、乙女、網戸河岸（小山市）とともに書き上げられている。利根川水系が整備され、江戸廻米の本格化に合わせて進められた河岸整備のなかで、壬生河岸も生まれたと考えられる。

壬生河岸は、下流から表町の下河岸、通町の藤井（清水）河岸、宮下（加藤）河岸・中河岸、上河岸の五つの河岸からなり、その総称が「壬生河岸」だ。五つの河岸の間隔はれぞれ数百メートル、河岸問屋は各河岸に一軒ずつで、その五軒で壬生河岸仲間を結成しており、機能的にもひとつの河岸であった。

壬生河岸は二つの役割を担っていた。ひとつは領主のための役割、もうひとつは商品流通の拠点としての役割だ。

領主のための役割は、年貢米を江戸に運ぶ「江戸廻米」の積出港だ。壬生河岸

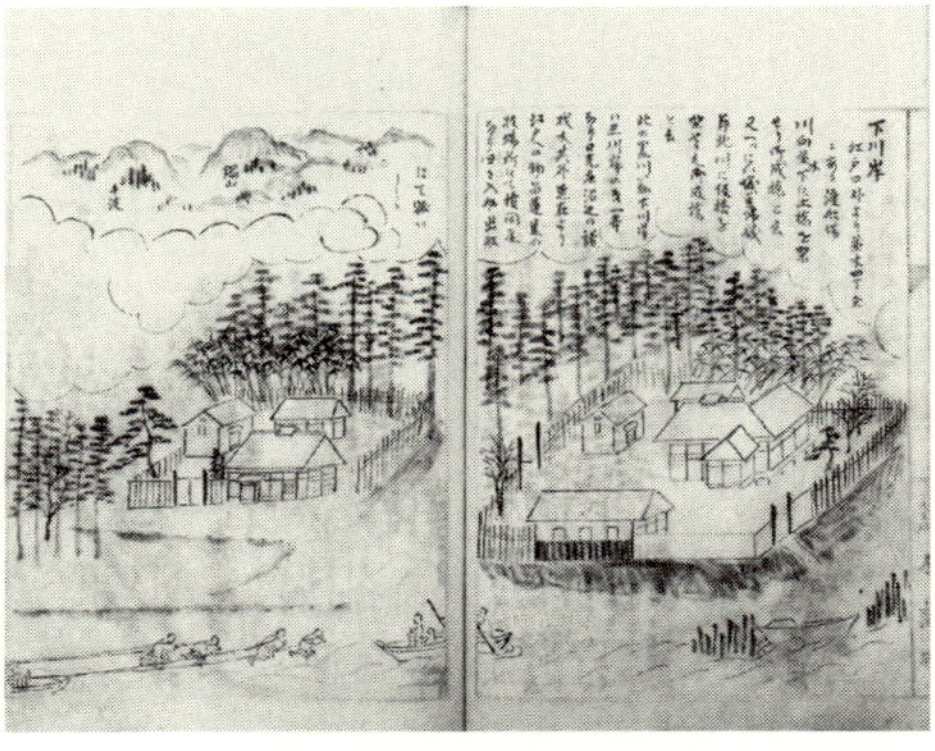

壬生領史略にみる下河岸（個人蔵）

が整備された第一の目的といえる。藩領の村はもちろん、壬生城下町よりも北方にある宇都宮や鹿沼周辺の天領（幕府領）や他の大名や旗本の領地の村からも、江戸へ回漕する年貢米等の積み出し港として、黒川遡航の終点である壬生河岸が利用された。

領主のための役割としてはもうひとつ、役船があった。壬生藩主は参勤交代の往復に黒川を利用した。藩主や家臣および馬や諸荷物の運搬を、壬生の河岸問屋に賦課したものが役船だ。文化十年（一八二七）の史料では、役船は、黒川の下流にある河岸から上流の河岸へ、という順番で、一回に十日間余を務めている。年間の通算日数は、下河岸・藤井河岸・中河岸では五十一日、加藤河岸・上河岸では四十一日だった。

壬生城下町の外港、黒川の遡航終点にある壬生河岸は、壬生通を中心とした街道によって広範囲な地域を経済圏としていた。物資の流れは、壬生通から会津中街道を経て会津方面まで及んでいる。壬生河岸を経て出入りする品物には、次のようなものがあった。

＊壬生河岸から移出品　薪、炭、杉皮、板・材木、竹、干瓢、麻、石灰

＊壬生河岸での移入品　米・雑穀、塩、肥料（糠・〆粕・油粕・干鰯）、相物（干し魚の類）、小間物（主に女性用の化粧用具、アクセサリー）、荒物（雑貨）、太物（衣服用の反物）

壬生河岸からの移出品は、主に壬生の北から西方の山間部で産出される品物や、干瓢以下の特産物であった。とくに薪は、堅く火保ちが良いため、江戸では「壬生薪」として評判が良かったという話が伝えられている。

移入される品々は、食料品をはじめ衣食住に欠かせない日用品であり、同時に、城下町で売買される商品でもあった。城下町の繁栄と壬生河岸の存在が密接なものであったことを物語っている。

黒川の合流する思川水系では、上流部と中・下流部では水量に差があるため、使われる舟の種類も異なっていた。上流では部賀舟《べかぶね》や小鵜飼舟《こうかいぶね》といわれる吃水の浅い舟、水量が増える下流では高瀬舟《たかせぶね》★が使われていた。壬生河岸で使われていたのは、米三〇〇~五〇〇俵積の部賀舟で、舟頭と水主《かこ》の二名が乗り組んでいた。黒川の流水量は、季節による変化が大きく、十二月頃から四月頃までの冬季には、舟の航行が休止されることもあった。

舟賃については、年貢米の運賃については、元禄三年（一六九〇）の幕府公定運賃が「米百石に付四石」、正徳二年の段階で「米一〇〇俵に付四俵」プラス「一俵に付、銀二〇文」となっていた。一般の商品の場合はそれぞれ取り決めがあったが、薪炭の場合は、「その時の水量次第」で運賃が決まったことが「明細帳」に記されている。乙女河岸（小山市乙女）から壬生河岸までは、晴天であれば通常四日で到着しなければいけないことになっていた。遅れた場合の割引き率

▼**高瀬舟**
江戸時代の河川舟運の代表的な川船。中央に帆柱を持ち、川を下るときは、櫓などを使い、上るときは、帆を張って風力、あるいは、綱をつないで人力で引っ張った。

も定められていた。五日では一割引、順に一日一割ずつ増え、十日遅れではタダということになっていた。

壬生河岸からの移出品のうち、材木や竹類は筏に組んで江戸に送られた。享保三年（一七一八）の記録で見ると、三月から十一月までの九カ月間に一六四敷で、七・八月の豊水期を中心に行われた。筏流しは、途中の村々で設置した堰《せき》や鮎《あゆ》簗《やな》★との間でトラブルも生じ、訴訟になることも少なくなかった。

▼鮎簗
鮎を捕るために川の中に作られた仕掛けを簗という。鮎簗は、川を遡上・航行する船や筏流しには障害となるために、鮎簗を仕掛けた村と河岸問屋や筏乗りとの間で紛争が頻発していた。

④ 名産列伝　稲葉ごぼう・干瓢・鳥居米

江戸時代は、各地域で名産品が生まれた。藩が率先して製品の開発に関わり、藩の専売品として、利益の独占をはかった藩もあった。壬生藩領でも名産品は作られたが、近隣地域にも広められ、栃木県の名産品へと発展した。

稲葉ごぼう　畑中心の村の姿

壬生城下町も、地方支配では「村」として位置付けられていた。それを端的に示しているのが、名主以下の支配機構である。「明細帳」にはさまざまな町の役について記されているが、村役人としては、次のようなものがあった。「名主両町一人ずつ。年寄は表町七人・通町八人。組頭　表町五人（うち二人は年寄兼役）・通町六人」だ。壬生本郷や壬生本村というように表町と通町を合わせて一村とした史料もある。領地の朱印状などでも、両町をそれぞれ一村としている場合と合わせて一村としている場合とがある。

ほかの村々の様子はどうだろうか。多くの村では、村方三役といわれる、名主一名・組頭二から三名の村役人が、藩の末端組織として村の統治にあたっていた。

「山海愛度図会」より下野稲葉牛蒡（個人蔵）

壬生藩領の村々、とくに城付領を詳しく見ていくと、その多くの村は、田よりも畑の方が多い。城付領の村々は、そのほとんどが台地上に存在している。姿川や黒川、思川といった大きな河川や江川は流れているが、段丘下の低地を流れているため、揚水ポンプのない時代のこと、この水を灌漑に用いることは不可能であった。

そこで生産される作物は、畑の作物が中心となっていた。幕末のデータであるが、藩領の村々で生産される作物が「壬生領史略」に列挙されているので、一二四頁の表のようになっている。

「両町明細帳」には「当町稲之外作物之品々」として、稲以外の作物が列記されている。「大麦・小麦・小豆・小角豆・粟・稗・黍・牛房・大根・たばこ・蕪菜・芋・木綿・茄子・唐米（辛）子」以上十五品のほか、別項に「木綿布茶何も少々出申候」というように、茶も産していたことが記されている。

また「宿村大概帳」には「五穀之外時々の野菜を作る」とあり、五穀（米・麦・粟・黍・豆）のほか季節の野菜を作っていたこと、「此宿牛房素麺小豆等の産物有之」というように、牛房（蒡）や小豆のほか素麺等の産物があったことも記されている。

なお「両町明細帳」には「当町よりは出不申候」として、「絹・紬・椿・漆・紅花・蠟」の六品が挙げられているが、その中に「小物成之次第」として俗に〝七色の掛物〟といわれる、「大麦・大豆・稗・真綿・麻苧《あさお》・荏油《えあぶら》・紅花」の七つの品々の中に、生産されないと明記されている「紅花」が入っているほか、「真綿・麻苧・荏油」についても生産物の中に見られず、代金で納められていたことが窺えるが、生産されていないものに税をかけている理由は不明だ。

右で触れた産物のうち、牛蒡は、稲葉牛蒡として、上稲葉村・下稲葉村、壬生両町や七ツ石など、下稲葉台地上の村々の特産物であった。安政六年（一八五九）の『扶桑名所名物集　下野国』には、各名所・名物が相撲の番付になぞらえて十五点を挙げている。稲葉牛蒡は、「前頭八枚目」にランクされている。牛蒡は、寒中の時献上の品として、将軍に献上されていた。年不詳だが、十月二十二日付の史料で「明後日二十四日まで献上牛蒡を用意せよ」という郡奉行の命令書が残る。「例年のとおり」とのことなので、中二日でも用意できたのであろう。真冬の屋外、水で牛蒡を洗う作業の厳しさは、想像に難くない。しかも毎年の年中行事であったことを考えると、領民の負担は、非常に大きいものであった。

時献上物としては、牛蒡のほか、「正月御盃台、四・五月筍、暑中串海鼠《なまこ》、七月素麵《そうめん》」があった。筍と素麵は、壬生両町の産物にも挙げられていた。素麵は「通町の彦左衛門・理右衛門・助右衛門・惣兵衛・長兵衛」の五人が調達にあたっていたことが「両町明細帳」に記されている。

城付領)」の産物

生姜	人参	唐茄子	瓜	水瓜	牛蒡	蒜	ラッキョウ	莞莚	絹
×	●	×	×	×	×	×	×	×	×
●	●	×	×	×	●	●	×	×	×
●	●	×	×	×	×	×	×	×	×
×	×	×	×	×	×	×	×	×	×
×	×	×	×	×	×	×	×	×	×
×	×	×	×	×	×	×	×	×	×
×	×	×	×	×	×	×	×	×	×
×	×	●	×	×	×	×	●	×	×
×	×	●	×	×	×	×	×	×	×
×	×	●	×	×	×	×	×	×	×
×	×	×	×	×	×	×	×	×	×
×	×	×	×	×	×	×	×	×	×
×	×	×	×	×	×	×	×	×	×
×	×	●	●	●	×	×	×	×	×
×	×	●	●	●	×	×	×	×	×
×	×	●	●	●	×	×	×	×	×
×	×	●	●	●	×	×	×	×	×
×	×	●	●	●	×	×	×	×	×
×	×	●	●	●	×	×	×	×	×
×	×	●	●	●	×	×	×	×	×
×	×	×	×	×	●	×	×	×	×
×	×	×	●	×	×	×	×	×	×
×	×	×	×	×	×	×	×	×	×
×	×	×	×	×	×	×	×	×	×
×	×	×	×	×	×	×	×	×	×
×	×	×	×	×	●	×	×	×	×
×	×	×	×	×	●	×	×	×	×
×	×	×	×	×	●	●	●	×	×
×	×	×	×	×	×	×	×	●	●
×	×	×	×	×	×	×	×	●	×
×	×	×	×	×	×	×	×	×	×

干瓢と鳥居米　鳥居忠英の伝説

正徳二年（一七一二）に壬生藩主となった鳥居忠英には、その後壬生藩領の村々の特産物となった農作物を移入・奨励した藩主として伝えられている。その農産物とは、城付領の干瓢と吉川谷領の鳥居米だ。

『壬生領史略』にみる「壬生藩領

	旧村名	現市町	米	大麦	小麦	大小豆	粟	稗	陸稲	芋	綿	麻	薩摩	干
※-1	壬生両町	壬生町	●	●	●	●	●	●	●	●	●	●	×	×
①	下稲葉	〃	●	●	●	●	●	●	●	●	●	●	×	×
②	上稲葉	〃	●	●	●	●	●	●	●	●	●	●	×	×
③	七ツ石	〃	●	●	●	●	●	●	●	●	●	●	×	×
④	亀和田	鹿沼市	●	●	●	●	●	●	●	●	●	●	×	×
⑤	赤塚	〃	●	●	●	●	●	●	●	●	●	●	×	×
⑥	磯	〃	●	●	●	●	●	●	×	×	●	●	×	×
⑦	福和田	壬生町	●	●	●	●	●	●	●	●	●	×	×	●
⑧	国谷	〃	●	●	●	●	●	●	●	●	●	×	●	
⑨	助谷	〃	●	●	●	●	●	●	●	●	●	×	●	
※-2	壬生新田	〃	●	●	●	●	●	●	●	●	●	×	●	
⑮	長田新田	下野市	●	●	●	●	●	●	●	●	●	×	●	●
⑭	上古山	〃	●	●	●	●	●	●	●	●	●	×	●	
⑩	細谷	〃	●	●	●	●	●	●	●	●	●	×	●	●
⑫	橋本	〃	●	●	●	●	●	●	●	●	●	×	●	
⑬	藤井	壬生町	●	●	●	●	●	●	●	●	●	×	●	
[1]	箕輪	下野市	●	●	●	●	●	●	●	●	●	×	●	
[2]	川中子	〃	●	●	●	●	●	●	●	●	●	×	●	
[3]	国分	〃	●	●	●	●	●	●	●	●	●	×	×	●
※-3	飯塚	小山市	●	●	●	●	●	●	●	●	●	×	×	
[10]	柳原新田	栃木市	●	●	●	●	●	●	●	●	●	●	×	×
[6]	惣社	〃	●	●	●	●	●	●	●	●	●	●	×	×
[5]	大光寺	〃	●	●	●	●	●	●	●	●	●	●	×	×
[4]	小宅	小山市	●	●	●	●	●	●	●		●	×	×	×
[14]	萩島	〃	●	●	●	●	●	●	●		●	×	×	×
[9]	葵生	栃木市	●	●	●	●	●	●	●	●	●	●	×	×
[7]	大塚	〃	●	●	●	●	●	●	●	●	●	●	×	×
[8]	家中	〃	●	●	●	●	●	●	●	●	●	●	×	×
[11]	薗部	〃	●	●	●	●	●	●	●	●	●	×	×	×
[12]	大皆川	〃	●	●	●	●	●	●	●	●	●	×	×	×
[13]	下皆川	〃	●	●	●	●	●	●	●	●	●	×	×	×

※村の記載順は『壬生領史略』のとおり
※番号は「○○○」(○頁)の村名番号と一致させている。
※生産あり:●、生産なし:×

※1〜3:三町
○:上郷
□:下郷

♪「さぁて東西皆様方よぉ〜…」の歌い出しで始まる「かんぴょう音頭」。壬生町内藤井地区を発祥に町内全域で、夏祭りあるいは町内の小学校の運動会では必ず演じられている。最近では少なくなったが、真夏の暑い日にすだれのように農家の作業場に干瓢を干している景色は夏の風物詩でもあった。栃木県が生産量では九〇パーセントを超える圧倒的な全国一の生産量を誇る特産物だ。

干瓢がいつ頃から壬生領内で生産され出したかは明らかではない。正徳二年に壬生に転封となった鳥居忠英が、「領内の生産性が低く、産物が少なかったために、郡奉行松本茂右衛門に干瓢の栽培を命じた。茂右衛門は近江国木津村より種子を取り寄せ、その種子を黒川の東西の名主に試作させたが、川東の藤井村名主篠原丈助のみが成功したのが始まりだ」という。この話は干瓢伝来の「定説」として、広く伝えられている。

その水口では、「正徳二年に鳥居忠英に代わって壬生から転封となった加藤嘉《よし》矩《のり》が壬生から優れた技術を伝えたので干瓢生産が盛んになった」と、壬生とは逆の話が伝わっている。

干瓢の栽培そのものは、正徳以前から行われている証拠がある。寛文三年（一六六三）将軍家綱が日光社参の折に壬生城に宿泊した際の献立のために干瓢が用意されているのだ。壬生藩ではないが、栃木県北部でも元禄時代に徳川光圀《みつくに》に干瓢料理が出された記録もある。定説の伝来から四半世紀後の享保十一年（一七二六）の記録では、壬生藩領の北方、宇都宮藩領であった西川田や雀宮《すずめのみや》から鶴田（いずれも宇都宮市）にかけての十三カ村で干瓢が栽培されていた。二十五年後には、藩領の枠を超えて干瓢の栽培が進んでいたことになる。

干瓢の壬生藩領へ導入の話は、今のところ「伝説」の中にある。鳥居忠英が水口藩主時代、近江木津村は、旗本横山氏の知行地だ。干瓢が名産物の木津村は、摂津《せっつ》にあるが、こちらも水口藩とは無関係だ。干瓢導入の当事者たちも、忠英は、享保元年（一七一六）に死去しているが、松本茂右衛門が郡奉行であったのは宝暦七年（一七五七）から明和二年（一七六五）であることが、別の史料で確認されている。両者に接点は見られず、伝来の定説は、根本からの見直しが必要だ。

正徳二年以前、すでに県内での干瓢栽培はあったにせよ、商品作物ではなく細々と栽培されていたものであろう。具体的な関わりを示す史料は見つかっていないが、「定説」を考えると、松本茂右衛門が郡奉行であった宝暦・明和年間（一七五一～七二年）に、壬生藩が干瓢生産に何らかの関与を行ったと考えられる。その反面、壬生藩として干瓢を、藩の専売にして栽培に規制をかけた、というような話も伝えられていない。藩領の枠を超え、栽培に適した所に商品作物として広く普及していったことは、間違いない事実だ。

鳥居忠英と特産物との関わりが伝えられているもうひとつの物産が「鳥居米」だ。壬生藩の上方領のうち、播磨国美嚢郡と加東郡にあった二四カ村は、「吉川谷領」と総称されていた。その吉川谷領の村々で産した米は、酒米として灘の酒造に大きく関わっていた。その米は、正徳二年に吉川谷を新たに領した鳥居忠英によって改良が加えられ、酒米として適した米となったというものだ。播磨国の東部、六甲山地の北側の村々は、土質や気候が米作りに良いことから、明石藩の金谷米、そして鳥居米が酒米として集められ、灘の酒蔵に引き取られていった。

灘五郷（下津郷・西郷・御影郷・魚崎郷・今津郷）は、享保年間（一七一六～一七三六）頃を境に伊丹にかわって酒造りの中心となった。宮水の発見、摂播の米、丹《たん》波杜氏《ばとうじ》の技術、六甲山系の水車による高度な精米、江戸へ出荷する樽回船の便の良さ、六甲おろし、寒造り等の要素があったが、その中心となる酒米として、江戸後期には、現在の兵庫県加東市東条町、三木市吉川町、三木市口吉川町で産する酒米をそのあたりを領地としていた鳥居氏にちなんで「鳥居米」と称し、灘五郷の酒造家に好まれた。

廃藩後は、明治政府の質から量へという方針転換により、鳥居米をはじめとした酒米は姿を消していった。その後、兵庫県や加東郡役所などが稲の品種改良に乗り出した。明治二十年代頃から品質の良い酒米を求める酒造家と安定した販売先を求める農家の思いが一致して、「村米制度」が始まり、酒米産地と酒造家の密接なつながりができ、現在に至っている。「山田錦」が生み出され、優良な酒米として兵庫県の栽培が進んだ。現在は、日本各地に広まっているが、「特A」

にランクされる品種は、兵庫県に集中しているが、その中でも鳥居米の産地であった「吉川谷領」の地区で栽培される山田錦は、「特ＡＡＡ」の最高ランクの品質を誇っている。

〝生神様〟となった代官　谷君雄

壬生藩では、壬生通町・表町・飯塚町（飯塚新田）を三町と称し、町奉行の支配にあった。三町を除く壬生領（城付領）と山川領は郡奉行の支配に属した。両奉行は知行高百石の藩士がなった。町奉行の配下には町方小頭・町方足軽などがいた。郡奉行の配下には代官・郡方小頭・山方小頭などの地方役人がおり、彼らが村々の支配を直接に担当した。壬生領（城付領）を上郷と下郷とに分け、山川領を東郷と西郷とに分けて地方支配を行った。通町を上郷に、表町・飯塚町を下郷にいれる場合もある。上郷は壬生城下から北の村々で編成され、下郷は南の村々で編成されている。東郷・西郷は陣屋の置かれた新宿村を中心に、東と西に分かれている。このような村々の編成のあり方は、御用触（廻状）伝達の便によるものであろう。

城付領の上郷と下郷とには代官が一人ずつ置かれ、山川領には東郷・西郷あわせて一人の代官が置かれた。山川領は飛地であるが、壬生から比較的近い距離にあり、しかも壬生の郡奉行の支配下にあって、壬生と直結していた。藩主の参勤交代の際も、山川領を通って江戸と国許とを往復していた。

江戸後期、藩財政の悪化と農村荒廃が深刻化した。とくに北関東の農村荒廃は深刻であった。寛政五年（一七九三）関東郡代付となった竹垣直温《たけがきなおあつ》が同九年から下野や常陸で実施した北陸地方から一向宗門徒★を移住させる政策「入百姓政策」は、農村荒廃と人口の減少を食い止める政策として実績を上げていた。竹垣が北陸地方の農民に目を付けたのは、以前越後に代官として赴任していた経験によるものだ。「入百姓政策」は、幕府領以外でも、常陸笠間藩・谷田部藩や下野烏山《しもつけからすやま》藩などで取り入れられていた。壬生藩でも入百姓政策が採られたが、それを実施したのが山川領代官谷君雄だ。

新宿村の飛地に大町新田（茨城県結城市江川大町）があった。大町新田は、全村低地で土地も荒れ、用水にも乏しかった。欠落《かけおち》する百姓が多く、文化年間にはわずかに六、七戸しかなかったという。この新田に文政十年に越中砺波《となみ》地方（現富山県）から三名、遅れてさらに三名が入植した。君雄がどのような経緯で北陸の一向宗門徒と関係を持ったかは明らかでない。入植者には、大町新田の荒地田畑と新宿村字中条にある荒地となっている田三町の開墾が求められた。君雄は彼らに三カ年間の年貢を免除し、一軒あたり金三両の家作料を藩から拝領。用水の確保とともに、農具・肥料・家具などの経費を君雄自身で用立てて、入植した農民

▼一向宗門徒
浄土真宗の信者をいう。

谷明神社

の生活の安定に努めた。大町新田の開発は徐々に成果を上げ、弘化三年（一八四六）には、一二俵余の年貢を定免で上納するに至っている。

君雄は大町新田のほか、下野国都賀郡野田村・泉新田に各七軒、同国同郡武井村で二軒、下総国結城郡水口村で六軒の入百姓を取り立てている。すべて君雄支配の山川領の村々だ。君雄の入百姓政策は、山川領代官としての施策であり、壬生藩全体で行われたわけではなかった。その意味で、文政期の入百姓政策は、藩政全体の中では限定的な施策であった。

大町新田の開墾にあたった入百姓たちは、文政十一年藩主の許可を得て、恩恵を受けた代官谷都大夫君雄を生祠として、村の鎮守に祀り、毎年九月二十五日を祭日とした。これが大町新田に残る谷明神である。

生前に神として祀られた君雄は、谷明神の祭りにはたびたび出席したという。谷明神は幕末の嘉永年間に野火により社殿を焼失したままになっていたが、大町新田の氏子たちは社を守り続け、大正二年（一九一三）二月に社殿を再建。今日に至るまで、家内安全、地域守護の神として、九月二十五日を例祭の日として氏子たちに守られている。

現在、結城市が観光振興策として選定を進めた「結城百選」では、「百十三江川大町西の谷神社」として選定され、観光資源のひとつとなっている。

谷君雄と妻の墓（興光寺）

壬生藩領の分布（城付領・山川領）

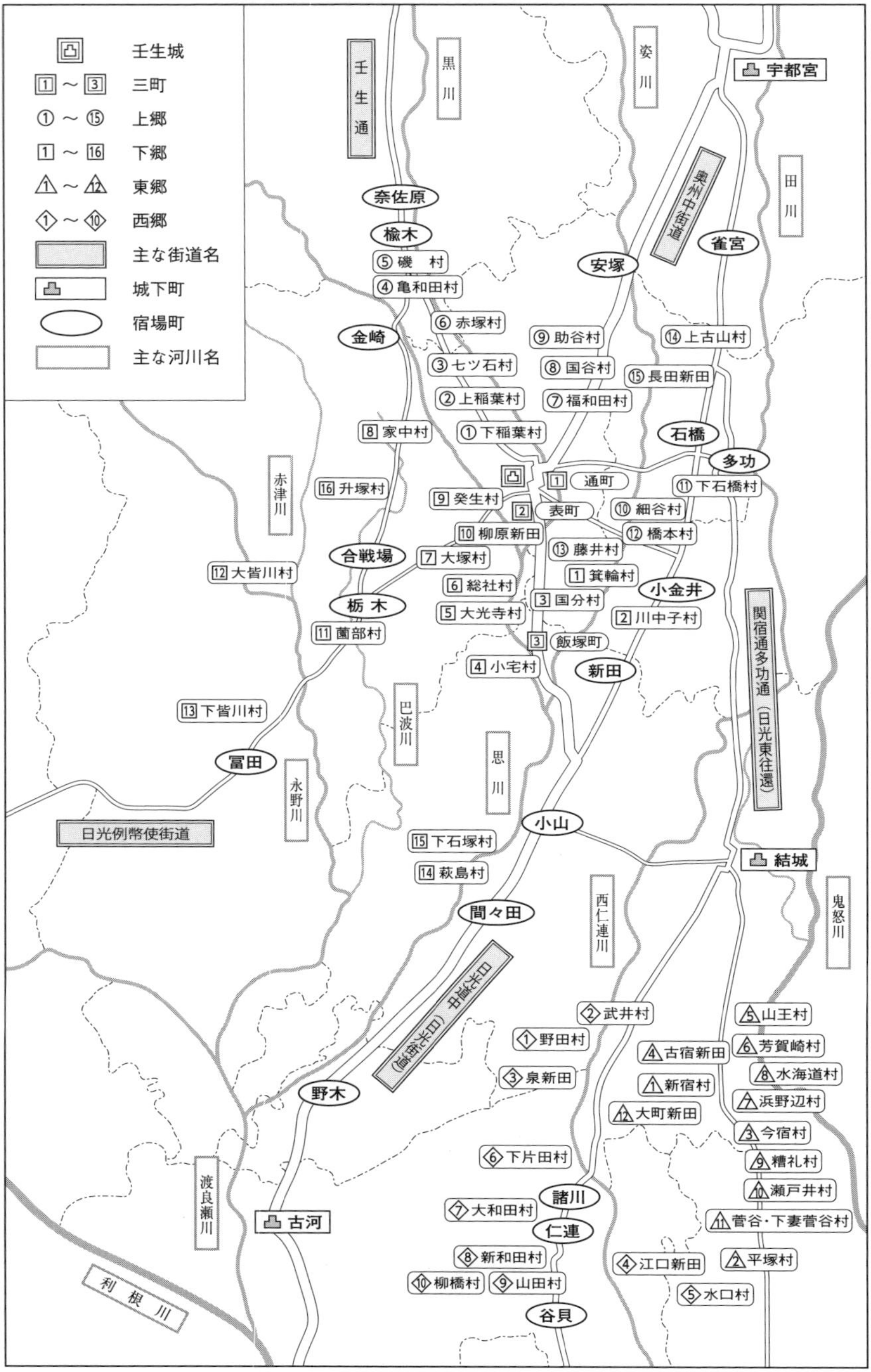

5 精忠霊神——旧臣たちの拠りどころ

遺勲により鳥居家を支え続けた藩祖、鳥居元忠。
壬生藩への移封後、鳥居家は元忠を城内に「精忠霊神」として祀る。
神となった元忠は、藩解体後も旧藩士や城下の人々との精神的支柱であり続けた。

〈精忠霊神〉と藩主

鳥居家の藩祖である徳川譜代の臣、鳥居元忠。その遺功は江戸幕府発足後たびたび改易の危機に瀕した鳥居家を救い、鳥居家では壬生藩への移封後、元忠の霊を「精忠霊神」として城内に丁重に祀った。これが現在の精忠神社（壬生町本丸地内）の起源である。

壬生藩鳥居家四代忠燾《ただてる》は、寛政十一年（一七九九）、朝廷より「精忠霊神」の神号を授かり、同年八月一日、元忠の二百回忌を記念して元忠を祀る社を造営した。忠燾の子である藩主鳥居忠挙《ただひろ》は、元忠の没年と同じ干支に戻る天保十一年（一八四〇）の二百四十年祭を機に、壬生城の各種記録でははじめ本丸の西北、あるいは東北隅にあったとされる社殿の遷宮と新築を計画。忠挙の和歌の師である国学者齋藤彦麿による監修を受けて社殿の設計と祭式の改定が行われ、二百五十回忌にあたる嘉永二年（一八四九）、七月二十九日に二の丸西北隅（現在の社地）に新社殿が完成した。九月には彦麿を招いて遷宮式典が行われ、同時に元忠とともに伏見城で戦死した五七名の家臣が新たに築かれた境内末社に合祀された。

畳塚の変遷

元忠の血に染まった伏見城の畳は、その後江戸城に置かれ、命を捨てて家康の覇業の基礎を築いた元忠の忠義を、諸士の手本として示した。幕府滅亡後、血染めの畳は鳥居家ゆかりの地である壬生に移され、「精忠霊神」元忠とともに祀られている。

「精忠霊神」を祀る精忠神社の本殿裏にある「畳塚」は、元忠が伏見城で戦死した際の畳を埋めたとされている場所であり、その来歴は一般的には次のように伝えられている。

「元忠の血痕が残る伏見城の畳は、元忠の忠義を後世に示すために江戸城伏見櫓に掲げられた。幕府が滅亡し江戸城が皇居となると、畳は元忠の子孫である壬生藩鳥居家に引き渡され、精忠神社の裏に「畳塚」を築いて埋められた。」

現在、「畳塚」上の「畳塚碑」に記された塚の由来もほぼ同様であるが、碑文

畳塚

には畳が精忠神社に埋められる前、一時的に上稲葉村（栃木県壬生町）の赤御堂《あかみどう》にあった先代当主鳥居忠宝《ただとみ》邸に置かれていたことが記されている。

鳥居家文書によると、江戸城にあった畳は明治維新後に鳥居家の請願により下げ渡され、壬生に回漕してしばらく精忠神社の神庫に置かれた後、明治十一年（一八七八）に上稲葉村赤御堂にある前藩主鳥居忠宝の邸中に塚を築いて埋められた。六年後の明治十七年、旧藩主鳥居忠挙の正室、誠心院聡子《せいしんいんあきこ》が伏見城址で自ら採取した赤松の苗と、元忠の故郷である三河国渡（愛知県岡崎市）の黒松の苗を塚の目印として植え、忠宝と誠心院聡子、赤御堂在住の士族が参列して祭典を行ったとある。

その後、畳は精忠神社境内に移して埋められ、大正四年（一九一五）の天皇即位大典記念事業の一環として、精忠神社の修理が行われた際に現在の位置に土盛りの周囲を石垣で固めた「畳塚」が築かれた。

藩祖顕彰と旧臣

関ヶ原以来、さまざまな形で鳥居家を支えた「精忠霊神」元忠。藩士以外の町民も氏子として精忠神社に関わるようになると、神社は城下町のシンボルとなるが、それを象徴的に示すのが例大祭の神輿渡行列、いわゆる「武者行列」である。

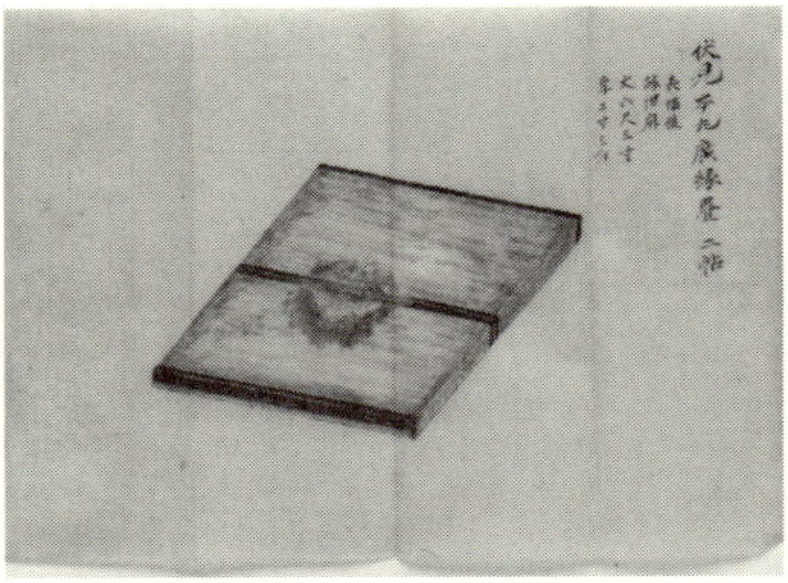
伏見城大広間畳之図（常楽寺蔵）

精忠神社「武者行列」フィルムから（精忠神社蔵）

当時、全国でも珍しい行事であった「武者行列」は、もともと元忠の神輿に藩士が供奉する形で始まったが、徐々に一般町民の参加が増え、やがて町を代表するイベントへと成長していく。

「武者行列」は明治七年から神輿渡行列として始まり、当時は〝日光・水戸・壬生〟の三カ所でしか行われていない全国でもまれな行事であった。精忠神社には昭和八年（一九三三）の三百三十三年記念大祭「武者行列」を撮影した国内最古級の映像★（約八分間の一六ミリ映画フィルム）が残る。映像では神社境内に溢れんばかりの人々が映し出され、元忠の忠義が当時の旧臣はもちろん、壬生町民の精神的支柱になっていたことが窺える。

同時に、壬生の児童が郷土唱歌として唄った「忠の道」の存在も忘れてはならない。作歌は元壬生藩士であり東京音楽学校教授の鳥居忱《まこと》★によるものである。元忠が討死した旧八月一日には全校児童が、鳥居元忠公を祭神とした精忠神社に参拝してこの歌を唄い、郷土の偉人を偲ぶものであった。

「忠の道」楽譜
（壬生町立歴史民俗資料館蔵）

▼「武者行列」を撮影した国内最古級の映像
戦前には武者行列の行事自体が全国でも珍しく、同時期の映像としてはほかに京都の祇園祭の武者行列のものが確認されているのみである。

▼鳥居忱
「鳥居志摩事件」で自害した江戸家老鳥居志摩の嗣子。郷土唱歌は「忠の道」と二度の行幸を記念し作歌した「永き誉」がある。

これも壬生

鳥居家いろいろ

“イケメン殿様”の悲劇

幕府の老中などを歴任した壬生藩主、鳥居忠意は当時、日本一の美男と評判だったという。今風にいえば「イケメン殿さま」であろうか。江戸中期の随筆『頃日全書』によると、忠意《ただおき》の正室は津和野《つわの》藩亀井家の出身。結婚した翌年、忠意は国許に詰めることになった。

だが、これに妻子を伴うことはできない。嘆き悲しんだ正室は半狂乱になり、ついに病を得て死んでしまった。

忠意はこれを憐れんであとをねんごろに弔い、後妻は求めなかった。ところが、芝に住む町人の娘が忠意の美男の評判を聞いて、何とかして側室になりたいと手を回し、やっと屋敷に迎えられた。この娘はやがて忠意の寵愛を一身に受けたのだが、跡継ぎができない。世継ぎが必要な忠意はさらにおぎんという側室を置いたが、こちらにめでたく一子が誕生、おぎんは御部屋様と尊敬され、忠意の寵愛も自然におぎんの方へ移っていった。

先の町人の娘はこれに嫉妬の炎を燃やし、遂にはおぎんとの刃傷沙汰に至ったのである。この美男ゆえの悲劇の結末については「その後忠意は女に懲り果て、側室も二度と迎えることはなかった」と記されている。

鳥居忱肖像
（壬生町立歴史民俗資料館蔵）

唱歌〈箱根八里〉の生みの親

箱根の山は天下の険……の力強い歌い出しで、作曲家瀧廉太郎《たきれんたろう》の代表作のひとつに数えられる唱歌「箱根八里」。作曲者の陰に隠れて一般にはほとんど知られていないのが、作詞家の鳥居忱《とりいまこと》である。

壬生藩士から日本初の音楽教育家になった鳥居忱は、明治二十四年（一八九一）から東京音楽学校（東京芸術大学）の教授として国語や音楽理論を教えていた。明治に入って全国的に学校教育が行われるようになると、音楽の教科書が必要となる。そこで明治三十四年（一九〇一）三月に「中学校用文部省検定教科書」として『中学唱歌』が作られた。『中学唱歌』に書かれた編集の経緯によると、広く世間の文学者、教育者、音楽家に委嘱して一〇〇曲以上を求め、その中から選定委員によって最も適切と思われる三八曲が最終的に選ばれたとある。

「箱根八里」についても、まず鳥居忱の歌詞が作曲の課題として発表され、その教え子の瀧廉太郎がこれに応募して見事な曲を提供し、当選した。同年五月十九日に『中学唱歌』披露演奏会が行われたが、「箱根八里」は特に評判が良かった。

これも壬生

みぶの教育

受け継がれた〝藩校教育〟

平成二十一年（二〇〇九）から論語教育の復活を掲げてきた壬生町と論語の関わりは、約三百年前へと遡る。当時の藩主鳥居忠英が、武士やその子どもの教育を目的とした県内最古の藩校「学習館」を開学。全国の藩でも先駆的な取り組みだった。学問に熱心だった忠英は「古義学」を提唱した儒学者、伊藤仁斎の教えを守り、熱心に論語教育に尽力した。

こうした歴史的な経緯を踏まえ、「全国的にも伝統のある壬生の論語教育を復活させよう」というプロジェクトを進めてきた。その最大の取り組みが、小中学生向けに選んだ一〇〇章句をまとめた副読本『壬生論語古義抄』の刊行である。約五〇〇章句の中から、人間関係や学問の話題を扱う一〇〇章句を厳選し、読み下しでは、「子曰《しいは》く」を「子の曰く」、「察す」を「察せよ」と表現するなど、仁斎独自の読み方を取り入れており、学習館伝統の論語教育が引き継がれている。

また、全小学校に孔子の教えを学ぶ「宥《ゆう》座之器《ざのき》」（針生清司氏製作）が設置され〝中庸の徳〟〝謙譲の徳〟を体験できる。

壬生町立歴史民俗資料館（壬生町本丸一―八―三三）では、町民の皆様にも慣れ親しんでもらうため、毎週土曜日の午前九時から副読本を手に、声を出して論語を読む「壬生論語古義塾」を開講している。

ポンペの医学を学んだ〝藩医〟

司馬遼太郎『胡蝶の夢』は、島倉伊之助（医学生）と、松本良順（幕府医官）を主人公とし、激動の幕末を描いた小説だ。伊之助はのちの名を司馬凌海といい、語学の天才で実在の人物。小説には登場しないが、伊之助と松本良順に従学し、長崎に留学したのが壬生の藩医榊原玄瑞（養庵）である。玄瑞の家は代々南蛮流外科として壬生藩鳥居家に仕えた。

安政四年（一八五七）幕府の要請によりオランダ海軍軍医のポンペが軍艦ヤパン号（のち咸臨丸）で来日。長崎に五年間滞在し、日本で初めて近代医学教育を体系的に行った。玄瑞は、凌海とポンペの弟子である良順門下となり、ポンペに師事した。同年十一月十二日ポンペは長崎奉行所西役所で良順以下一二名の学生に対し最初の講義を行った。そこには玄瑞と凌海の姿もあった。長崎大学医学部ではこの日を創立の日としている。

安政六年九月十三日、ポンペはシーボルトの娘楠本イネを含む四六名の学生の前で解剖を行う。顔ぶれは、吉雄耕牛・大槻俊斎・緒方洪庵の息子たち、そして玄瑞と凌海たちがいた。これが日本初の死体解剖実習である。その後、玄瑞と凌海は一時ポンペに破門されたが、のち復籍しともにポンペの高弟と謳われた。

ポンペは帰国直前、玄瑞を含む六一名の学生に終了証を授与し帰国の途についた。

第四章 壬生藩鳥居家の学問

壬生藩初代 忠英の蒔いた学問の種は、明治の日本で開花した。

石﨑家長屋門

◆1

忠英、「伊藤仁斎」に学ぶ

鳥居家中興の祖、六代で壬生鳥居家初代忠英は、学問と武芸を好む英明の君主であった。水口藩主時代、京都から学問の師として伊藤仁斎を二度にわたって招く。仁斎やその子東涯との交流を背景に、壬生において下野最古の藩学設立に至る。

好学の藩主

鳥居忠英が壬生藩主となったのは正徳二年（一七一二）、四十七歳の時である。かねてより英明の誉れ高い忠英は「学問所」と呼ばれる学校を創設した。のちの藩校「学習館」である。「学問所」が設立されたのは、正徳三年正月のことで、関東地方の藩学の中ではおそらく最も早く開学された。また、明治初年時点で全国二〇〇以上あった諸藩校のなかでも十指に入るほどに古い歴史を持つ学校であった。

忠英はその前年に近江水口から下野壬生に転封になったばかりである。国替と同時に学校創設に着手した意欲には並々ならぬものがあった。

忠英の好学心は天性のものもあるが、それを激励したのが大学者の伊藤仁斎《じんさい》であった。
寛永四年（一六二七）、京都堀川の町人の子として生まれた仁斎は、十一歳で学問に目覚め、当時支配的であった朱子学を学んで大きな影響を受けたが、やがて朱子学を批判して「古義学《こぎがく》」という独自の儒学思想を創り上げた。仁斎は学・徳ともに優れた君子人であったため、世評も高く、諸大名からも丁重な招きがあったがすべて断り、生涯堀川の家塾で市井の一儒者としての生涯を送った。

その仁斎が京都を離れた数少ない例外として、近江水口藩の招きに応じて水口城に赴き、藩主と近習の人々に自著『童子問《どうじもん》』を講義したことが挙げられる。

仁斎、水口ニ遊ブ

仁斎が忠英に会ったのは、「学問所」設立の十六年前、元禄九年（一六九六）九月のことである。忠英が仁斎の教えを受けるべく、家塾「古義堂」を離れることのなかった仁斎を居城である水口城に招聘した。なお、水口城下は京都から東海道を東に十数里下った所にある。

仁斎と鳥居家との間には、以前から接触があった。この前年に、仁斎の門人のひとり吉田浩斎《こうさい》が水口藩に仕官していたのである。この頃、吉田の勧めもあって、忠英は仁斎を水口に招聘しようと家老の高須源兵衛と相談していたとみられる。

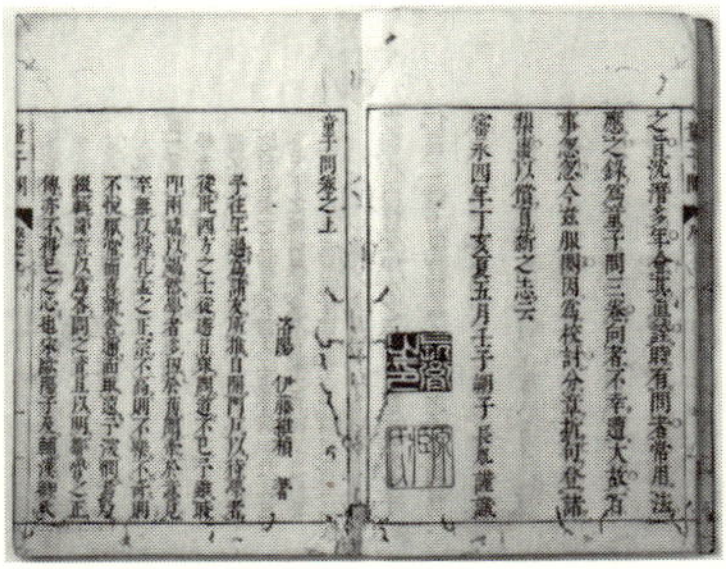

『童子問』
（壬生町立歴史民俗資料館蔵）

伊藤仁斎肖像
（壬生町立歴史民俗資料館蔵）

　元禄九年九月十二日、仁斎は忠英に初めて面会した様子を、自分の息子東涯《とうがい》に「忠英侯は、私と面会するやいなや『論語』『孟子《もうし》★』について質問を重ねる熱心さであり、私もそれに応えて議論にも講釈にも力を尽くし、忠英侯はそれにすっかり信服したようだ」と書き送っている。

　この十数日の滞在は、双方にとって満足のいくものであり、さらに三年後の元禄十二年三月に仁斎は水口を再訪する。今度も主著『童子問』についての講義を続けた仁斎は、藩主以下の引きとめもあって二十日ほど逗留することになる。

　この講義について仁斎は、藩主鳥居忠英や家老の高須源兵衛をはじめ聴聞した人々の学識を評価し、源兵衛の息子弥助《やすけ》を「才知奇特」として、部屋住みの身分でありながら江戸家老に抜擢されたことへの賞賛を東涯に伝えている。

　当時、忠英三十二歳、仁斎はすでに七十歳の老境に達していた。以来、鳥居家は忠英・忠瞭二代にわたり伊藤仁斎、そして宝永二年（一七〇五）に仁斎が亡くなるとその嗣子である東涯に師事して交わりを深めた。壬生藩に古義学つまり仁斎学が普及したのは、このような事情によるものである。

「倹以て身に奉じ、恵以て人を沢す」

壬生の藩学「学習館」の儒学は忠英の私淑していた仁斎の古義学である。『論

▼『論語』『孟子』　儒学（儒教）の基礎文献である「四書五経」のうち「四書」にあたる。

伊藤東涯肖像
（壬生町立歴史民俗資料館蔵）

語』『孟子』を重んじ、『童子問』なども学ばれたと考えられるが、記録が失われているため確かめることができない。当時の学校では兵書の講釈を中心としたが、優秀な藩士は京都堀川の東涯のもとに派遣されたようである。東涯は温厚篤実、学問は博く綿密であった。紀州侯から召されたが応ぜず、父と同じく堀川にあって子弟の教育と著述に専念した。

その忠英は壬生に転封する前年に若年寄となり、幕閣でも活躍が期待されたが、正徳六年（一七一六）三月に惜しくも五十三歳で亡くなった。

忠英の嗣子、鳥居忠瞭《ただあきら》は東涯に忠英の墓碑銘「浄泉院鳥居侯墓碑銘」（福島県いわき市の長源寺に建立）の撰文を依頼した。その中に「倹以《けんをもっ》て身《み》に奉《ほう》じ、恵以《けいをもっ》て人《ひと》を沢《うるお》す、繁《はん》を治《おさ》め劇《げき》を埋《おさ》めて、その勲《いさおし》を告《つ》げず」という一節がある。我が身はあくまでも質素にして、人には豊かな恵みをあたえ、激務を果たしながらも誇り顔をしなかったのは、その天性の人柄であった。仁斎からの教えがその生き方をさらに鍛えたものであろう。

なお、仁斎が来講した折に忠英は鳥居家の祖、鳥居元忠の百回忌を期して仁斎に墓碑銘を依頼し、二度目の水口訪問中に撰文が行われた。仁斎が亡くなると東涯が校訂を引き継いだが、諸事情により碑は建立されずに終わった。

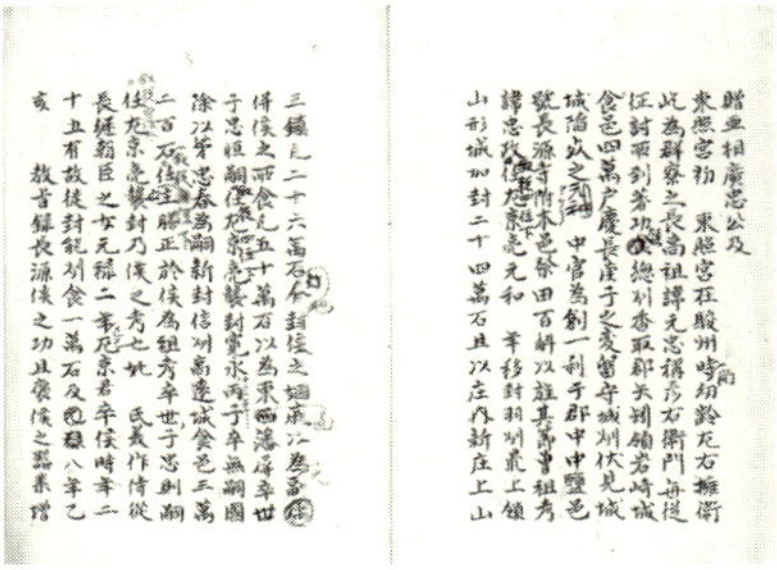

鳥居元忠墓碑銘
（常楽寺蔵）

②藩学〈学習館〉と庶民の学び

十一代藩主鳥居忠挙は財政再建とともに藩政全体の改革を実施。
藩と幕府を支える人材の育成を目標として藩学「学習館」を拡充する。
蘭方医学や西洋砲術、儒学など多様な才能を持つ人々が壬生藩を支えた。

「文武共精出　成レ徳達レ材」

寛政二年（一七九〇）、幕府は「寛政異学の禁★」を発布したが、壬生藩鳥居家は依然として古義学を改めなかった。しかし、弘化三年（一八四六）、時の藩主鳥居忠挙は藩政改革の必要に迫られて各種の改革を実施。学問所も藩校として「学習館」とし、儒学にも朱子学を採用した。館の命名は『論語』学而篇冒頭の句「学而時習之、不亦説乎」（学びて時に之を習う、亦た説ばしからずや）による。日向佐土原藩（宮崎県）・豊後杵築藩（大分県）・下総高岡藩（千葉県）の藩校と同名であり、紀州和歌山藩にも同名の「学習館」があった。

朱子学を採用したとはいえ、「藩学綱領★」には「経義《きょうぎ》は朱子《しゅし》の註説《ちゅうせつ》を取《と》り用《もち》うべく候《そうろう》、さりながら強《し》いて流派《りゅうは》を定《さだ》める儀《ぎ》にはこれなく、時宜《じき》に随《したが》い、新古《しんこ》に

▼「寛政異学の禁」
幕府による朱子学以外の儒学の学派に対する禁令。寛政の改革の一端として行われた。

▼「藩学綱領」
弘化三年（一八四六）十月、学校の改革にあたって出された教育の大綱。「学規五章」の表題がある。

かかわらず、もっぱら実践適用《じっせんてきよう》を主と申《しゅう》すべく候《そうろう》」とあり、忠英時代からの実学の精神が生かされている。壬生藩に限らず、幕末には各藩とも学派にとらわれず、新しい時代に対応できる実用の学を積極的に求めるようになった。目標は多彩な人材の開発である。

この姿勢は医学に対しても変わらず、忠挙の後を継いだ忠宝は漢方の充実も図り、外科に優れる蘭方医学と、当時「本道《ほんどう》」と呼ばれた内科・小児科において勝る漢方医学の双方の振興に努めていたことが明らかになっている。

忠挙が蘭学を導入して壬生藩の医学を飛躍的に発展させたこと、韮山代官の江《え》川坦庵《がわたんなん》に傾倒して藩士を派遣し、西洋砲術の技術を獲得させたことは地元ではよく知られている。これも藩祖元忠以来の好学の気風が立派に実を結んだものといえる。

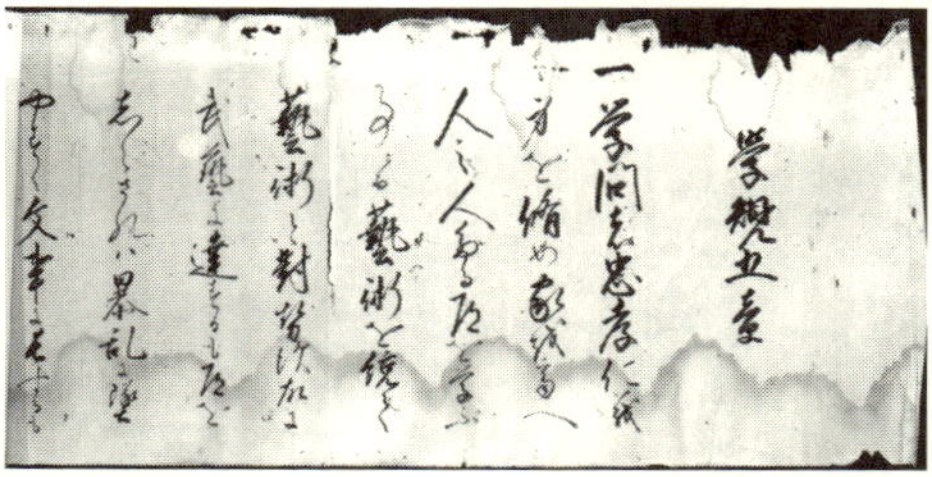

「学規五章」
（常楽寺蔵）

藩学の儒者

忠挙とその嗣子鳥居忠粛《ただたか》★の文学の師は、太田胃散創業者の養父、太田熊山《ゆうざん》（泰《たい》蔵《ぞう》）である。熊山は江戸藩邸内に開設した藩校「自成堂《じせいどう》」の学頭《がくとう》を務めた。熊山は佐渡（新潟県佐渡市）出身の儒学者で諱《いみな》は保、字は君明、号は方齋《ほうさい》・熊山・雪《せっ》湖《こ》・博洽等。本間黙齋《ほんまもくさい》・朝川善庵《あさがわぜんあん》に学び、江戸に移住して文政年間（一八一八〜

▼鳥居忠粛
鳥居忠挙と正室聡子の間に生まれた長男。頭脳明晰と伝えられる。

三〇）に壬生藩に仕え「自成堂」の学頭を務める傍ら、藩主・若君の教育掛となる。晩年は仕えを辞し、安政初年頃に六十歳前後で亡くなった。熊山の養嗣子が、壬生藩士でのちに太田胃散の創始者となる太田信義であり、太田胃散は初め養父・熊山が主宰した出版業「雪湖書房《せっこしょぼう》」から名を取って「雪湖堂の胃散」と称し売り出した。

　壬生藩学が独自に出版した教科書は、二種類とされており、そのひとつが『師《し》善録《ぜんろく》』★（副題「論語説」）、もうひとつが『永嘉先生八面鋒《えいかせんせいはちめんぽう》』★である。ともに太田熊山の著書である。安政三年（一八五六）、幽閉中の萩の尊王思想家吉田松陰が宇都宮黙霖★に対して『師善録』についての情報を求めた手紙が残されている。

　また、壬生藩と関わりの深い学者としてはほかに忠挙の四男鳥居忠文《ただぶみ》の師である田口文蔵《ぶんぞう》（本名・文之、号は江村）が挙げられる。文蔵は明治元年（一八六八）、壬生藩に招聘され、教育制度改革の功績により米一〇〇俵を贈られた儒者である。維新後は姓を石合《いしあい》と改め、本所深川に学舎を開いて教授したが、明治六年一月、五十六歳で亡くなった。ほかに宇都宮藩儒（栃木県宇都宮市）から、のちに壬生藩に仕官した山本蕉逸《やまもとしょういつ》★などがいる。

名主層の絵心

▼『師善録』
全三巻。太田泰蔵の署名で足利学校に所蔵されており、熊山自身による献本と思われる。

▼『永嘉先生八面鋒』
全四巻。江戸の版元が出版を請け負い、明治時代の初めまで重版された。

▼宇都宮黙霖
安芸国出身の僧。勤王思想家。安政の大獄で投獄された。

▼山本蕉逸
江戸の生まれ。本名は庄一。宇都宮藩のほか、日光山でも儒者を務めた。

鳥居忠挙は、学問の振興と人材の登用を図るだけでなく、彼本人も文化人大名として画事や和歌を嗜み、和歌などの色紙や短冊を数多く残している。この藩主の文化的素養が藩領全域に広がった。

平出雪耕《ひらいでせっこう》は、寛延二年（一七四九）西方村金井（栃木県栃木市）に生まれた。名を秀継、字は玄通、号を雪耕《せっこう》または秀景《ひでかげ》と称した。雪耕は壬生藩の画員を務め、その指導を受けた藩士は多かったと思われるが、その中には領内助谷村の粂川祐《くめかわすけ》景《かげ》のような農民出身の画家もいた。祐景は寛政三年（一七九一）に助谷村に生まれ、初め雪耕に絵を学び、景雲と名乗ったが、雪耕の没後、江戸に出て中橋狩野《なかばしかのう》家《け》★の祐清邦信《くにのぶ》に入門を許され、その後粂川祐景邦近と名乗った。

高須甘棠《かんとう》は、享和二年（一八〇二）に壬生城内に生まれた。初め雪耕に学び、江戸に出ると谷文晁《たにぶんちょう》の写山楼に出入りし、そこに集まる文人たちとの交流を通じて成長した。藩家老の要職にありながら画業を続け、地元壬生で松本甘暁《かんぎょう》、福田棠陰《とういん》★、黒子棠林《とうりん》★やその子高須煥斎《かんさい》★らを育てた。

松本甘暁は文化十一年（一八一四）壬生の本陣松本家に生まれ、当主として通町の名主も務めた。絵は甘棠に師事し、画事以外に書、漢詩、狂歌、須磨琴《すまごと》（一弦琴）をよくするなど多彩な趣味人であった。そのほかの画家としては僧侶の長《は》谷川《せがわ》吾学《ごがく》★、藩士の小杉僊亭★・渕本湖峯《ふちもとこほう》★がいる。

▼中橋狩野家
江戸狩野四家のひとつ。狩野派の宗家。

▼福田棠陰
平出雪耕と同じく西方村生まれの画人。慶応四年（一八六八）に四十一歳の若さで没する。

▼黒子棠林
壬生藩領上稲葉村生まれ。通称は伊兵衛。

▼高須煥斎
高須甘棠の長男で名は信丘、通称大助。狩野派を学んだ後、明治十九年（一八八六）頃に一家で東京に移住し、谷文晁の影響を受けるようになる。

▼長谷川吾学
壬生藩領小宅村（栃木県小山市）生まれ。天台宗僧侶。雲谷派系に学び、法眼に叙せられると法眼吾学を称した。

▼小杉僊亭
壬生藩士、本名は謙吉。黒羽藩の絵師、小泉斐の弟子。

▼渕本湖峯
初代壬生学舎の教頭渕本正定（書家、号・雄峯）の長男。南画派の中島杉陰に師事し、早くから東京に出て小石川周辺に在住。

庶民の教養

町民や農民のなかにも、教養として文字教育を受ける者が多くなった。町や村に「寺子屋」や「手習塾」を置いて民衆に学問を教える者も多かった。

領内の手習塾は確認できているだけで十五カ所あるが、その三分の一が僧侶を師匠とするもので、農民出身者を師匠とするものは六カ所を数える。残りは藩医や藩士などである。十五カ所の手習塾の一つに、稲葉村の小松塾がある。元水戸藩（茨城県水戸市）「弘道館《こうどうかん》」★で儒者をしていた小松寛斎《こまつかんさい》が開塾したものであり、内容の詳細は不明であるが、講ぜられたのは水戸学《みとがく》であろう。その塾生の一人に、のちに加波山《かばさん》将軍と謳われた自由民権家の鯉沼九八郎《こいぬまくはちろう》★がいた。

教授内容はほぼすべてが手習と初歩的な漢籍の講読だったが、その中でも稲葉村の黒子塾では手習のほかに算法と国学が講じられ、また助谷村の粂川塾では希望者に剣術を教えるなど、特色ある手習塾も見られる。

手習塾への入門は、一般的に七歳から十歳くらいまでで、入門するとまず初歩的な往来物《おうらいもの》★や『実語教』『童子経』★などで読み書きを練習し、さらに教訓的な内容も学んだ。これらを学び終えたものは、『庭訓往来《ていきんおうらい》』★などを学ぶ。近隣の地名や特産品、苗字を列挙したものなど、地元の師匠が工夫して作ったと思われる教

▼弘道館
水戸藩の藩校。徳川斉昭により創設される。尊王攘夷の気風を伝えるとともに、実用を重んじ洋学の技術も取り入れ、儒学を中心に国学・史学などを組み合わせた「水戸学」の中心であった。

▼鯉沼九八郎
壬生藩領下稲葉村（栃木県壬生町）出身の自由民権運動家。明治十七年（一八八四）、当時の県令三島通庸の暗殺を計画し（加波山事件）爆裂弾製造中に事故で重傷を負い逮捕・投獄。出所後は県会議員として活躍した。

▼往来物
書簡形式で記された教科書の総称。『商売往来』など対象層に応じて内容の異なるものが各種存在する。

▼『実語教』『童子経』
いずれも初学者向けの教科書。教訓的内容と手習を兼ねる。

▼『庭訓往来』
一般常識に重点を置いた往来物の一種。南北朝時代に成立したといわれ、江戸期に手習塾などで広く使用された。

本も残っている。その中で『論語』『孟子』など漢学の初歩にまで進む生徒はごく限られていた。

壬生藩儒山本蕉逸《やまもとしょういつ》が自著『童子通《どうじつう》』★に文字教育論を唱えているので紹介しよう。

「筆札も、少しは心得べきこと也、篆隷《てんれい》★までは届かずとも、楷行《かいぎょう》★二体は小達者に書き習ふべし、草書★は好で書すべからず、さりながら、人の書きたるものは、有りふれた体ならば、読めねば不自由也、二千字そこらは覚えおくべき也」と綴られている。

▼『童子通』
天保十年（一八三九）頃に江戸で出版された初学者向けの教科書。学問を始めるにあたっての基礎知識や、学ぶ上での姿勢について記す。

▼篆隷・楷行・草書
書体の種類。一般的には楷書やそれを崩した行書が用いられ、手紙文などではさらに崩した草書も用いられた。

③

忠挙ファミリー、"和歌"を詠む

鳥居忠挙の夫人誠心院は和歌を好む文学的な雰囲気の中で育った。誠心院との縁組が、忠挙に和歌の世界を通じた新しい人脈をもたらす。その中心が、誠心院の和歌の師匠である国学者の齋藤彦麿であった。

文芸の家系

鳥居家は初代元忠の討死から、武芸に秀でた大名というイメージが強いが、元忠以来「文武共精出 成徳達材」を家訓とし、代々の当主が能や和歌を嗜み、文化人大名としても活躍している。菩提所に残された資料の多くが歴代当主の墨跡、とくに和歌の短冊や色紙などであり、とくに忠挙《ただひろ》とその夫人誠心院（聡子）の和歌類が多数残されている。忠挙については文学を太田熊山《ゆうざん》に、和歌を国学者の齋藤彦麿に就いて学ぶとの記録があり、誠心院も齋藤彦麿を師として歌道を学んだ。誠心院の実子である嫡子の忠粛《ただたか》は、和歌を母である誠心院に学んでいる。

誠心院の実家、松平周防守《すおうのかみ》家は、もともと松平（徳川）宗家の支流である東条松平家の家臣で、姓を松井と称した。戦功により松平姓を賜り、東条松平家の断

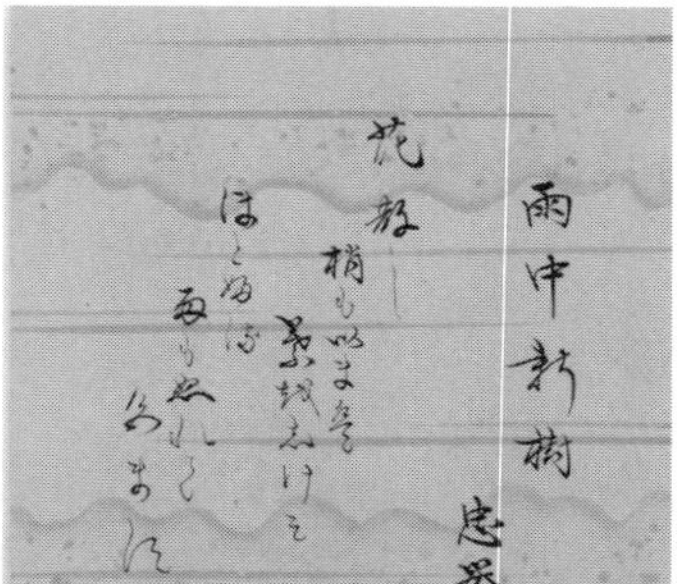

鳥居忠挙和歌色紙
（常楽寺蔵）

絶後は譜代大名として徳川宗家に仕えた。明治以降は再び松井姓に戻している。誠心院は浜田藩（島根県浜田市）九代藩主松平康任《やすとう》★の娘である。

　誠心院の祖父七代藩主松平康定《やすさだ》★は国学者の本居宣長と親交があり、自ら歌集『弥重太多美《やへだたみ》』（四〇巻）を編纂し、とくに『古事記』『日本書紀』『万葉集』を好んだ。父の九代藩主松平康任は同じく歌道に長じ歌集『木綿牒《ゆふだたみ》』をまとめるなど、実家である松井松平家が歌道の素養を持つ一家であったことが窺える。

国学者　齋藤彦麿

　誠心院の国学と和歌の師匠、浜田藩士の齋藤彦麿《ひこま》★は、明和五年（一七六八）三河国岡崎（愛知県岡崎市）生まれ。荻野家から齋藤家の養子に入り、石見浜田藩士としてさまざまな役職を経験しながら和歌を加茂季鷹《かものすえたか》★に、国学を本居宣長に学ぶ。藩主の姫君聡子（誠心院）の歌道の師となり、聡子の輿入れ先である忠挙の歌道教授も務めたほか、武士や庶民など三百余名の弟子があったという。嘉永七年（一八五四）、八十七歳で亡くなった。宣長の代表的著作のひとつ『石上私淑《いそのかみのささめ》言《ごと》』を宣長の死後に校訂・出版したのも彦麿であるが、宣長の門人録に名前がないことから、正式な門人ではなく、私淑あるいは間接的に教えを受けた可能性がある。

▼松平康任
石見浜田藩松平家三代藩主。出石藩の御家騒動である「仙石騒動」に関与したことなどにより老中を免ぜられて隠居し、子の康爵は陸奥棚倉藩に転封となった。

▼松平康定
石見浜田藩松平家二代藩主。学問を好み、本居宣長とは寛政七年（一七九五）伊勢参宮の途次に松坂宿本陣で対面。翌年参勤交代の際にも桑名宿に招こうとした。宣長の源氏物語論『源氏物語玉の小櫛』は康定の求めに応じて書かれたものと伝えられる。

▼齋藤彦麿
石見浜田藩士、のち転封により陸奥国棚倉藩士。字は可怜、通称は荘九郎・小太郎・彦六郎、号は宮川舎・葦仮庵・洛陽花老人。

▼加茂季鷹
賀茂季鷹。江戸時代後期の国学者・歌人。上賀茂神社の神官。

彦麿は、忠挙から依頼を受けて精忠神社造替のための社殿の設計と、祭式の改定を監修した。元忠二百五十回忌にあたる嘉永二年（一八四九）七月に新社殿が完成し、八月には彦麿を招いて遷宮式典が行われた。また、死の前年の嘉永六年にも歌道教授のために壬生を二度訪れている。

なお、壬生藩に残された彦麿の著作は、歌会記録や歌論、古典評論などが中心であるが、中には外国船の来航に対する幕府の対応を批判したものなど、政治に関する記述もある。幕末の国防論における彦麿の立場は、神が生んだ国である日本は諸外国より優れた国であり、天皇の委託を受けた将軍家が治めているので、西洋と中国の影響を排して日本古来の精神を重んじ、伝統の武芸と八百万の神の力をもって事にあたれば必ず勝てるとするもので、外来の知識や技術の安易な導入を戒めており、西洋の軍事技術や医学を積極的に取り入れようとする壬生藩の立場とはある意味では相反したものであった。

誠心院と歌会

誠心院聡子は、七代藩主鳥居忠挙夫人にして、八代藩主忠宝《ただとみ》と、次代の当主で知藩事を務めた鳥居忠文《ただぶみ》の養母である。石見国浜田藩主松平康任《まつだいらやすとう》の三女として文化十二年（一八一五）に生まれ、没したのは明治十九年（一八八六）、数えで享

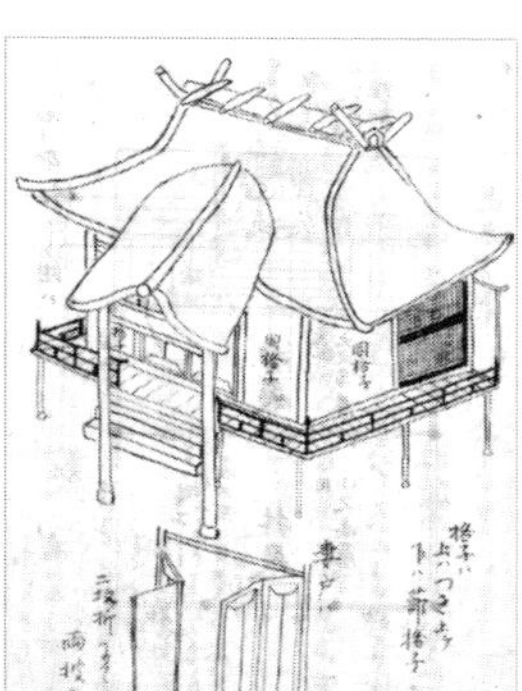

彦麿による精忠神社の造営案（部分）（常楽寺蔵）

年七十三。当時としては比較的長寿の方であろう。

聡子が忠挙《ただひろ》に嫁いだのは天保三年（一八三二）の十二月、十八歳の時である。夫忠挙も同年齢であった。二人の間には女子二人と嫡男忠粛《ただかた》が生まれたが、忠粛は嘉永五年（一八五二）に二十歳で早世している。夫忠挙が若くして亡くなると院号「誠心院」を名乗り、陰から鳥居家を支えた。

聡子が嫁いだ壬生藩は、幕末には佐幕から勤王に揺れ動いた。最後の藩主忠宝は佐幕としての道を譲らず藩と家を守り、知藩事を務めた忠文は岩倉使節団に加わり米国に留学、のちハワイ国で代理領事を務めた。忠文がハワイ在任中の明治十九年、聡子は東京深川の鳥居邸で亡くなった。

こうした動乱の時代にも聡子の日常は平穏なものだったと思われる。菩提所には自作の和歌が数多く残され、中には歌会など公式の場で詠まれた和歌や、師匠の齋藤彦麿により朱書で添削された和歌もある。聡子は大名家などで催される歌会に結婚後も（ときには夫忠挙とともに）積極的に参加し、和歌を通じてほかの大名家の夫人や姫たちと交流していたと思われる。

聡子の院号誠心院は、歌人和泉式部の戒名と同じである。聡子は生涯にわたって和歌を嗜み、多くの歌集を残している。和泉式部への憧れがあったのだろうか。

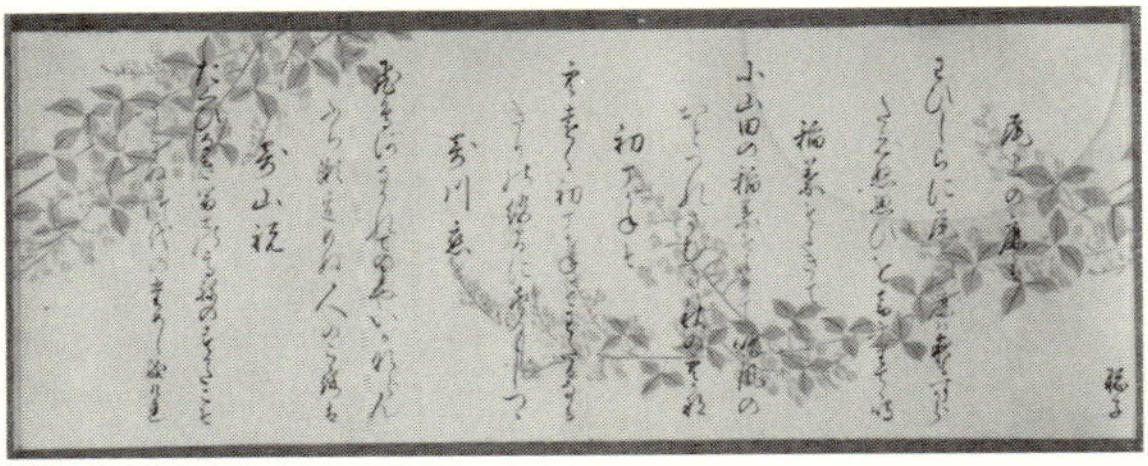

誠心院聡子和歌
（常楽寺蔵）

誠心院聡子肖像
（常楽寺蔵）

④ 齋藤玄昌、〃解剖〃と〃種痘〃を行う

初代に続いて壬生藩の蘭方医となった齋藤玄昌。
上河岸の刑場で人身解剖を実施し、「解体正図」を記す。
種痘が国内に紹介されるといち早く壬生藩に導入し、その普及に尽力した。

県内初の西洋医

天保十一年（一八四〇）に、壬生藩で最初の人体解剖が行われた。この前年、江戸では高野《たかの》長英《ちょうえい》・渡辺《わたなべ》崋山《かざん》★らが逮捕される「蛮社の獄」事件が起こった。蘭学の台頭に危機感を抱いた江戸幕府が蘭学者を弾圧した事件である。しかし、壬生藩は幕府のこうした動向を恐れることなく、西洋医学の吸収に積極的であった。

この解剖を主宰した人物が齋藤玄昌《げんしょう》である。玄昌は文化六年（一八〇九）、梁田郡羽苅村（栃木県足利市）に生まれた。父の玄正《げんしょう》も壬生藩医として活躍した人物である。父玄正が文政三年（一八二〇）、玄昌十一歳の時亡くなっているため、父の没後に蘭学の修業を始めたのであろう。学業なって、二十五歳で藩医に取り立てられ、蘭方医として壬生藩での西洋医学の導入に積極的に働いた。

▼渡辺崋山
幕末の洋学者。田原藩士。江戸で高野長英・小関三英らと尚歯会に参加し内外事情の研究を行うが、海防に関する幕府批判がもとで蛮社の獄に連座し、国許蟄居を命じられ自害した。

さて、玄昌の業績のなかで注目されるのが、藩医となって六年目に作成された『解体正図』である。壬生の解剖は、医学の歴史から見ればかなり遅い方であるが、絵師の高倉東湖《たかくらとうこ》によって描かれた内容を見ると、初期の解剖図と比べて水準が高い。玄昌の解剖学の知識の深さがわかる。

当時、壬生藩でもしばしば天然痘が流行していた。玄昌も六人の子供を天然痘で失っており、それだけに早くから種痘に関心を持っていた。ジェンナーの種痘法が日本に入るのが嘉永二年（一八四九）七月、長崎で接種が成功するとその痘苗★はいち早く江戸に伝わった。壬生では翌三年一月には痘苗が活着し、二月になると玄昌を中心に藩医たちが領内で種痘を普及させた。

玄昌は明治維新の動乱がまだ落ち着きを見せない明治五年（一八七二）に六十四歳の生涯を閉じた。玄昌の事績は、西洋医学が地方に広がり、定着していく過程をそのまま物語る。漢方が西洋医学に置き換わり、医学の近代化に向かっていくまさにその時期、玄昌は壬生藩のパイオニアとして活躍したのである。

壬生の解剖

「解剖」という言葉が中国の古典『黄帝内経《こうていだいけい》・霊枢《れいすう》』★に記されていることからわかるように、古代中国でも解剖という行為自体は行われた。ただし、経脈を流

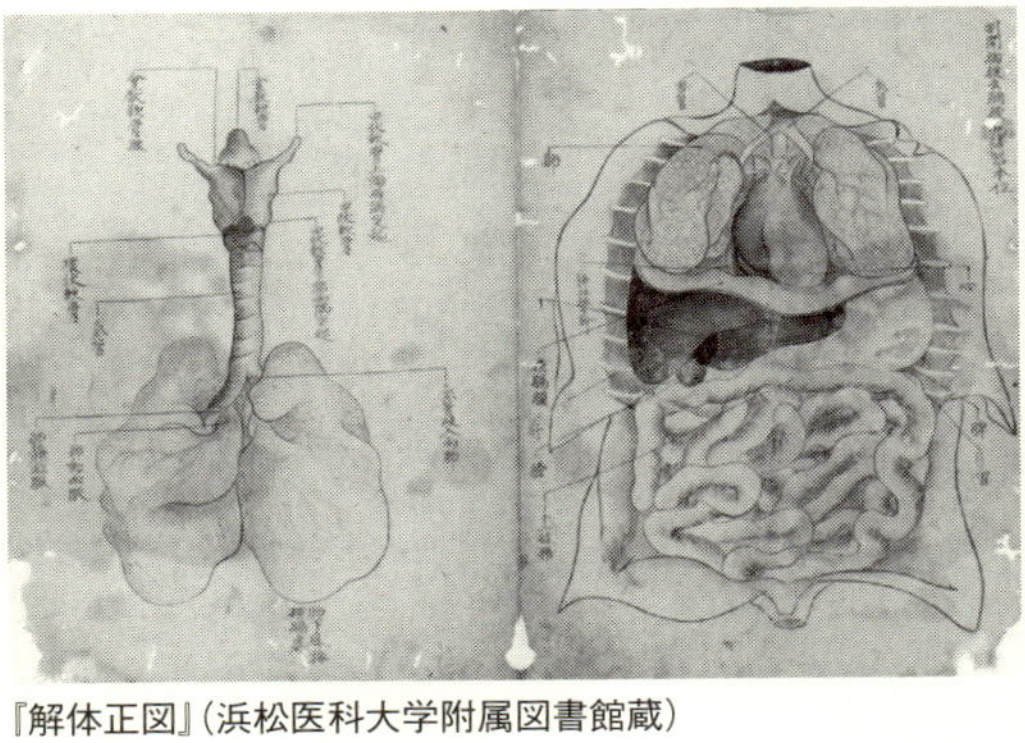

『解体正図』（浜松医科大学附属図書館蔵）

▼痘苗
天然痘ワクチンのこと。

▼『黄帝内経・霊枢』
中国最古の医学書とされるもののひとつ。前漢時代（紀元前二〇〇——二〇年頃）に編纂されたと伝えられるが散逸し、現存するのは南宋時代（一一〇〇年頃）に再編纂されたものである。

れる気を中心とする中国医学理論では解剖学的知識は重要視されず、臓腑の描写図は、西洋医書の解剖図譜に比べて見劣りするものであった。

日本における解剖（腑分け）は、明和八年（一七七一）千住《せんじゅ》小塚原《こづかっぱら》（東京都荒川区）で杉田玄白たちが行ったのが最初ではない。それ以前の宝暦四年（一七五四）、山脇東洋《やまわきとうよう》★による日本最初の解剖以来、京都、萩、福井と少なくとも八回は知られている。その後、大坂、甲斐、松山、日光、中津、仙台、宇和島などでも解剖が行われた。天保年間には三年（一八三二）に長岡、十年に福井、十一年に甲斐、十二年に博多、十四年に佐倉でそれぞれ刑屍★が解剖されている。

壬生藩の解剖も上述の地方における流れに位置付けられる。天保十一年十二月十一日、蘭方医学の研究のために、壬生藩医である齋藤玄昌と石崎正達《いしざきしょうたつ》★が壬生上河岸にある刑場で、盗賊の罪で打ち首になった万吉の遺骸を解剖した。これが壬生で行った最初の人体解剖である。

壬生の解剖図は『解体正図』として六種が現在まで伝えられているが、江戸を除く関東諸藩で解剖図が残るのは珍しい。解剖には絵師が参加するのが通例であり、この時は高倉東湖が参加し写生した。

『解体正図』は八葉の解剖図からなり、それを詳しく見ると『医範提綱内象銅《いはんていこうないしょうどう》版図《はんず》★』を下敷きにして描かれたことが判明している。この時代の日本の解剖技術は未熟であった。また、たとえ執刀者が解剖に慣れていたとしても、絵師にとっ

▼山脇東洋
江戸中期の医師。京都の人。日本で初めて人体解剖を行い、『蔵志』を著した。

▼刑屍
死刑囚の遺体。

▼石崎正達
漢方医。壬生藩医石崎家四代。初代石崎寿見より医師として壬生藩に仕え、石崎誠庵（松本暢）、ついで石崎鼎吾を養子として迎える。

▼『医範提綱内象銅版図』
文化五年刊。津山藩医宇田川玄真の講義録『医範提綱』に付属する図版集で、洋画家亜欧堂田善がオランダの解剖書を模写した銅版画である。

ては写生しにくい結末になった可能性がある。そのため『医範提綱』の図を参考にして『解体正図』が描き上げられたものと考えられる。

維新後の明治三年（一八七〇）、医師の田谷隆輔★は秋田藩飛地の仁良川（栃木県下野市）にあった出張陣屋で牢死人を解剖し『解体新正図』★と題する記録を描かせた。題名からわかるように、その時に参考としたものが壬生の解剖書『解体正図』である。なお、『解体新正図』は四種が伝えられている。

さらに、塩山村（栃木県鹿沼市）の鍼灸医小森雲石は西洋医学にも関心があったようで、明治八年（一八七五）に自ら筆写した『解体正図』を残している。齋藤らが残した『解体正図』は、明治以降の西洋医学に関心のある医者たちの〝必読書〟になった。

下野初、牛痘ワクチン

天然痘は今日でこそ根絶宣言が出されているが、江戸時代には極めて危険な病であった。江戸時代の統計は皆無に近いが、飛驒高山の某寺の文化元年（一八〇四）の過去帳によれば、人口二七〇〇余人のうち天然痘で死亡したものの割合は三・四パーセント、一～五歳の死亡率は同集団内では二〇・二パーセントにも及び、同年齢児の五人に一人が天然痘によって死んでいることになる。六～十歳児

▼田谷隆輔
来歴は不明であるが、明治七年（一八七四）の記録に「宇都宮宿　田谷隆輔」（「栃木県史料」）とある。

▼『解体新正図』
『解体正図』とほぼ同内容であるが、腸や肝臓など『解体正図』にない図を『医範提綱』から引用している部分もある。

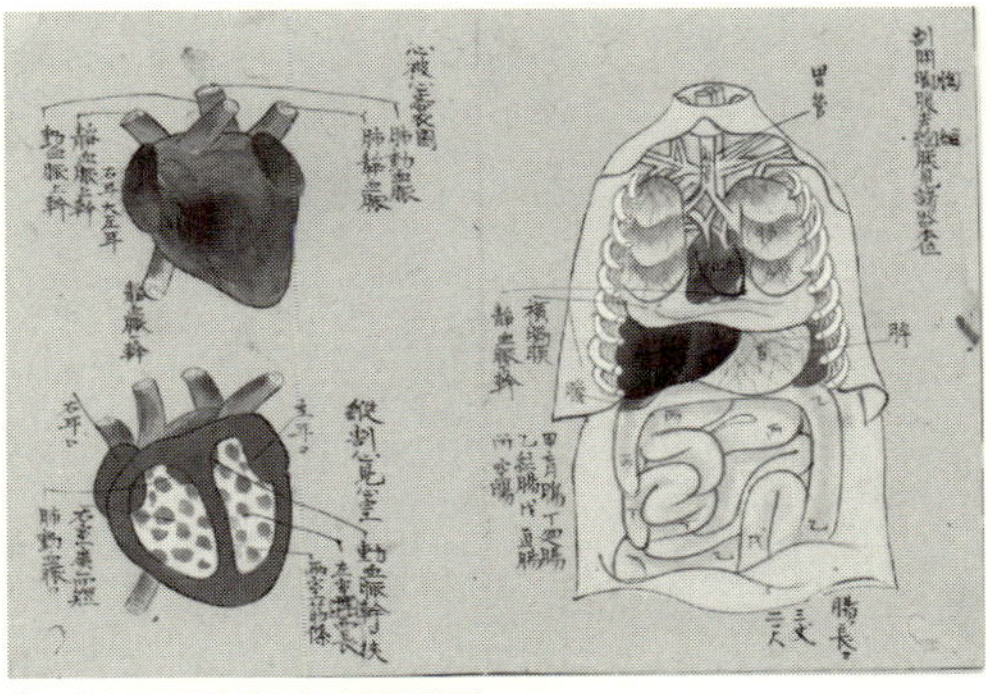
『解体新正図』（野中鳥犀圓蔵）

齋藤玄昌、〝解剖〟と〝種痘〟を行う

では九・二パーセントを数えるから、幼児の死亡率がいかに高く、天然痘がいかに危険かがよくわかる。罹患率を示すデータがないので、種痘の効果を示す数値は存在しないが、牛痘種痘法がオランダよりもたらされると、これが蘭方医学の治療レベルの優秀性を示すものとして受け止められた。

牛痘★による種痘法がイギリス人医師のエドワード・ジェンナー★（一七四九―一八二三）により発明されて以来、その知識はロシア、中国、オランダの三つのルートを経て日本に伝わった。なかでもオランダ経由が最も普及した。文政六年（一八二三）のシーボルトらによる試みもあったが、牛痘種痘法が全国に広まるきっかけは、嘉永二年（一八四九）七月長崎に医師オットー・モーニッケ★がバタヴィア（ジャカルタ）から取り寄せた痘痂（かさぶた）を佐賀藩医（佐賀県佐賀市）楢《なら》林《ばやし》宗建《そうけん》が幼児に接種したことから始まった。

この方法は安全でしかも効果的だったため、蘭方医学を学んだ医者たちの努力で短期間のうちに普及し、八月に佐賀、十一月に佐賀藩江戸藩邸、十二月に佐倉（千葉県佐倉市）というように関東・東北一帯へと広まった。

壬生藩でも藩主鳥居忠挙《ただひろ》から「牛痘のなせる儀★、実に人命をたすけ」と齋藤玄昌に託された痘苗が嘉永三年一月に活着し、二月には「種痘が始まるので、洩れなく接種させるように」、さらに「万一その節に納得せず、種痘を受けない者がいては済まないことだから、村内でよく説得し」となかば強制的に接種★させるよ

▼牛痘
牛が罹る痘瘡（天然痘）。牛痘ウイルスは人間にも感染するが、軽症で済み、人間の痘瘡への免疫をも獲得するので種痘に利用される。

▼ジェンナー
イギリス人医師。農民の伝承をヒントに牛痘種痘法を開発し、実験によってその有効性を証明した。

▼オットー・モーニッケ
出島オランダ商館のドイツ人医師。佐賀藩主鍋島直正の求めに応じて前勤務地のバタヴィアから痘苗をもたらした。

▼牛痘のなせる儀
嘉永三年（一八五〇）二月十一日、藩主鳥居忠挙が江戸家老鳥居帯刀へ宛てた「口上書」。

▼強制的に接種
当時の疱瘡対策は主としてまじないを中心とするものであり、牛から作る牛痘を接種することに対して強い不安を感じる者も多かった。

う御触書が出されている。また、種痘を普及させるために藩の医者を藩領飛地に派遣している様子も窺える。

壬生藩での種痘は、長崎で初めて成功してから六カ月という、全国的に見ても極めて早い時期に行われた例として注目されている。これらは、藩主忠挙の西洋の技術に対する深い理解と、蘭方医齋藤玄昌の力が大きく作用したからこそ実現できたものと思われる。

玄昌はまた、当時今市宿（栃木県日光市）にあった報徳役所で農村復興事業「尊徳仕法」に取り組んでいた農政家、二宮尊徳の主治医も務めていた。尊徳は玄昌を「医道巧者」として尊敬し、安政三年（一八五六）に自宅の幼児に種痘を受けさせるだけでなく、自身が病にかかった際も玄昌に往診を依頼し、玄昌は壬生と今市を数十回往復して尊徳の治療にあたった。

漢方、復権？

ところで、蘭学の時代から現代に至るまでの壬生の医療文化で注目すべきもののひとつが、漢方医たちの活躍である。これまで近代化、すなわち壬生に西洋文明が取り込まれる歴史がもっぱら注目されてきた。しかし、明治のはじめに文明開化の波に洗われて、一時、姿を潜めざるを得なかった時代もあったが、今も

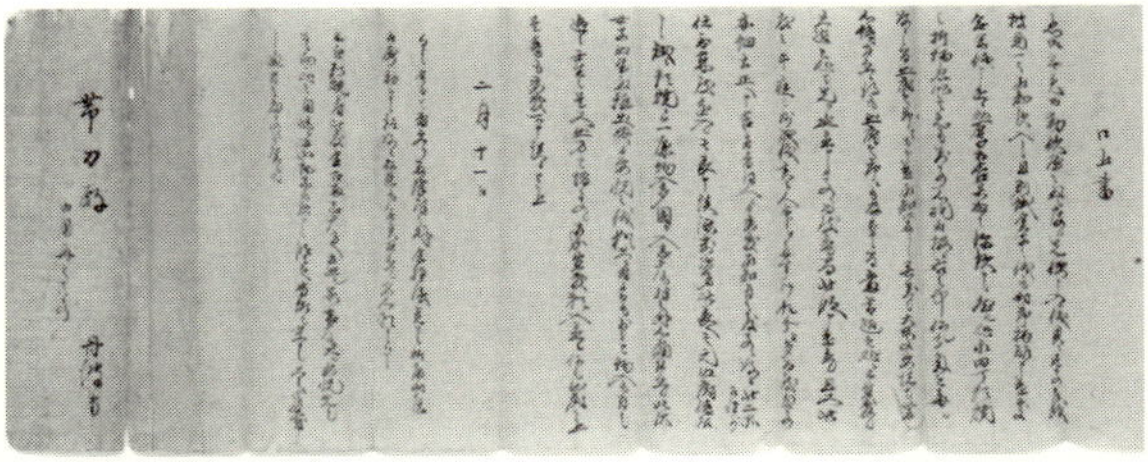

鳥居忠挙口上書
（個人蔵）

脈々と続いている漢方の歴史に注目してこそ、先人たちが壬生藩に築いた医療文化の真の姿がわかるのではないだろうか。

とりわけ感動的なのは、壬生藩主の叡智である。安政四年（一八五七）忠挙亡き後、藩主となった鳥居忠宝《ただとみ》は、当時、本道といわれた漢方の充実をはかり、実践的な医療の向上につとめていた。事実、この時代、外科は蘭方が優れていたが、内科・小児科は漢方がまさっていたのである。

壬生を代表する全国有数の漢方医の一人が、河内全節《こうちぜんせつ》（一八三四―一九〇八）である。全節は文久二年（一八六二）忠宝の侍医となり、幕末・明治にかけて活躍したが、廃藩置県に伴い、やむなく旧藩主とともに壬生を離れ東京に移住した。新政府が日本の未来の医学は西洋医学と定め、漢方医の将来を閉ざす医制改革を断行すると、漢方の大家・浅田宗伯《あさだそうはく》をはじめとする著名な漢方医六人が集まり、漢方復興運動に立ち上がった。のちの人々はそれを「六賢人会合」と呼んだが、その一人が全節であった。

全節がいかに優れた医者であったかは、宮中の侍医になったことからもわかる。新政府は宮中の侍医をすべて西洋医に入れ替え、江戸時代からの漢方医は産科のほかはすべて辞めさせられていた。だが、ちょうどその頃、東京で猛威を振るっていた脚気に対して、漢洋の名医が選ばれて治療の比較実験を行った。世にいう「漢洋脚気相撲」である。その結果、漢方医療の優れていることを認めざるを得

河内全節肖像
（個人蔵）

なくなり、皇室は浅田宗伯をはじめ漢方医を宮中の侍医に任命し、全節もその一人として明治天皇の皇子女の治療にあたった。

新政府が西洋医学の採用を決定してからも、世間では漢方医への期待が強く、明治十六年（一八八三）には「漢洋医対照番付」が発行されている。その「漢医大家一覧」方の前頭に河内全節の名前が見える。

⑤ 友平榮、〝高島流砲術家〟となる

神道無念流剣術、齋藤弥九郎の高弟であった友平榮。
幕府韮山代官江川坦庵より高島流西洋砲術の奥義伝授を受ける。
壬生藩砲術師範として、また江川家の配下として動乱の時代に活躍した。

江川坦庵の高弟

天保十三年（一八四二）、清がアヘン戦争に敗れたとの情報がオランダ経由で日本に届く。日本に儒学をはじめさまざまな文化をもたらした大国として長年崇めてきた中国が、夷狄《いてき》のイギリスに完敗したことは日本に衝撃を与え、次は日本ではないか、という危機意識が為政者にも知識人の間にも生じたのであった。

こうして高まる海防論の中で、関東譜代壬生藩は西洋砲術の採用を決定。その導入を実際に行ったのが友平榮《ともひらさかえ》である。

友平榮は、文化十三年（一八一六）宇都宮藩士臼井宗七《うすいそうしち》の五男として宇都宮城下に生まれ、のちに壬生藩士友平惣兵衛の養子となった。天保八年、二十二歳になった榮は御刀番となり、江戸三大道場のひとつ「練兵館」を主宰する齋藤弥九

友平榮肖像
（壬生町立歴史民俗資料蔵）

郎★に入門することになる。榮の上達はめざましく、天保十二年師である弥九郎が水戸弘道館の仮開館式に招かれた際は、高弟の一人として同行している。

　また、同年に江戸徳丸原（東京都板橋区）で高島秋帆が実施した西洋流砲術演習★に江川坦庵《たんなん》、齋藤弥九郎らが参加し、同十三年幕府が坦庵に西洋流砲術の伝授を許可すると弥九郎・新太郎★の父子が入門。翌十四年には榮も入門し、坦庵と師弟関係を結ぶことになる。その後、免許皆伝を受けた榮は四千あまりといわれる江川家の門人の中で頭角を現し、江川家の配下として品川台場の建設や砲の鋳造に携わった。

　維新後は薩摩・長州から請われ、明治新政府に陸軍大佐として迎えられた。当時の軍制では大将西郷隆盛一人、中将がなく、少将が桐野利秋《きりのとしあき》★・村田新八《むらたしんぱち》★の二名という時代なので、大佐が破格の抜擢であることはいうまでもない。しかも、薩長土肥の出身ではなく、関東譜代の壬生藩士であることは注目に値する。

　榮は、明治十五年（一八八二）七月二十七日に亡くなった。享年六十七、公に尽くした誠実な生涯であった。

韮山塾

幕府直属の韮山代官である江川坦庵は、西洋流砲術をいち早く習得した長崎町

▼齋藤弥九郎
江戸末期の剣客で幕末三剣客の一人。越中の生まれ。江戸で神道無念流岡田十松に剣術を学び、練兵館道場を開く。尊攘思想に関わったが自ら運動に加わることはなかった。

▼西洋流砲術演習
演習の行われた徳丸原は、現在はこのできごとを記念して「高島平」と呼ばれている。

▼齋藤新太郎
齋藤弥九郎の長男。

▼品川台場
ペリー艦隊の侵入という事態を受けて、江戸湾防衛のために砲台として築かれた人工島。「お台場」と呼ばれる地区に二基が現存する。

▼桐野利秋
薩摩藩士。元の名は中村半次郎。西南戦争で戦死。

▼村田新八
薩摩藩士。少年の頃から西郷隆盛と行動をともにし、西南戦争で西郷の死を見届けて自害した。

年寄の高島秋帆《たかしましゅうはん》に学び、天保十三年（一八四二）から秋帆より伝授された西洋流砲術の教授を始めた。第一号の弟子が佐久間象山《さくましょうざん》である。韮山代官というと伊豆一国の代官と思われがちだが、そうではない。江戸防衛上重要な地域である武蔵国多摩郡全域の幕領と甲州街道の小仏峠《こぼとけとうげ》も代官所の支配下にあった。伊豆・駿河二カ国の幕領は伊豆韮山代官所で支配し、武蔵・相模二カ国の幕領は江戸本所の江川役所で支配していたのである。このため江川家当主はさながら大名の参勤交代のように、韮山の代官所（静岡県伊豆の国市）と本所の江戸屋敷（東京都墨田区）を交互に行き来しながら幕領支配の指揮をとっていた。

坦庵は江戸では理論を教えるだけで、本格的な演習は韮山で行ったので、坦庵の韮山塾ということになる。

韮山塾では理論はもちろん、砲術の基本となる調練と演習、それに加え兵器製造とその修理という鉄砲に関するすべてを塾生たちは身に付けることになる。そして韮山塾が最も重視したのが、獲物を射止める山猟訓練であった。それはまさに実践そのものである。

この韮山塾が開塾した翌年の天保十四年（一八四三）にいち早く入門したのが二十八歳の壬生藩士友平榮で、極めて優秀な塾生として猛訓練を重ね、弘化三年（一八四六）には奥義伝授を受ける。

ここで注意すべきは、砲術修業と剣術修業とは性格が別物であり、何より金の

江川坦庵肖像
（公益財団法人江川文庫蔵）

かかり方が桁外れに異なることである。藩士の剣術修業は、藩から許可さえ取れれば、自己資金でなんとか免許皆伝まで漕ぎ着けることができるが、砲術は射撃訓練をするたびに弾薬代がかかる。

例えば、五百匁カノン砲を一発発射するには七一四文が必要である。江川家は幕府代官とはいえ百五十俵取りの下級旗本であるから、それらを自費で捻出できるはずがない。そのため、稽古に必要な弾丸・火薬・諸資材は塾生の実費負担となるので、個人の資金で修業することは不可能である。すなわち、砲術修業は、藩から選抜されたエリートが藩費で修業することを意味する。韮山塾の入門者は藩派遣生なのである。

これは友平榮の優秀さだけではなく、彼を派遣した壬生藩主鳥居忠挙（若年寄）の秀れた判断がそこに存在したことを示す。

しかしながら、壬生藩でも伝統的な日本独自の砲術を専門とする家があり、それぞれ弟子を取っていた。藩内には関流と武得流があり、その砲術の一流派として、榮の高島流があったことも見据えておかねばならない。

十六歳、咸臨丸渡米

ペリー来航までは高島流砲術は、江川坦庵と下曽根金三郎の二人の師範が私的に弟子を取り、門弟から束脩《そくしゅう》★を取りながら教授するといった小規模のものであった。

しかし、ペリーの来航後、江川家は幕府鉄砲方という正式な役職を授けられ、役職にふさわしい予算と定員が与えられた。江戸役所は本所から芝新銭座《しばしんせんざ》に移り、広大な演習場がつくられた。同じ頃、幕府は講武所を創設、幕臣と諸藩の役人に対して西洋流砲術の訓練を許可し、江川家や下曽根家はその師範にもなった。この芝新銭座の江川塾の優秀な指揮官が大鳥圭介★であり、塾生の友平榮も調練を指揮する一員となる。その後は講武所砲術教授方として、壬生藩士の身分のまま出役する形で調練並びに武器製造の技術指導者として活躍することになった。

この流れが江川家及び大鳥圭介とつながり、榮の娘婿である友平慎三郎、その実弟齊藤留蔵《さいとうとめぞう》もここで調練を行うことになった。とくに留蔵は弘化元年（一八四四）生まれであるから、まだ十一歳の少年であったが、安政五年（一八五八）には人柄を見込まれ江川家江戸役所の書役見習となる。十六歳の万延元年（一八六〇）には勝海舟、福沢諭吉、中浜万次郎とともに幕府軍艦〈咸臨丸〉に鼓手（身分上は木村摂津守★の従者）として乗船し、航米記『亜行新書』を残す。日記には、上司である木村摂津守や勝の様子については筆を控えているが、アメリカ人乗組員の航海術や規律に感心したことを率直に述べ、さらに万次郎、小野友五郎★・浜口興右衛門の活躍ぶりを記録に留めている。一方では思わず望郷の念をもよおし涙し

▼**束脩**
入門時に持参する入学金のようなもの。

齊藤留蔵肖像
（壬生町立歴史民俗資料館蔵）

▼**大鳥圭介**
のちに幕府歩兵奉行。戊辰戦争で幕府の兵を率いて江戸を脱走し、新政府軍と戦いながら日光、東北を経て箱館（函館）五稜郭に立てこもった。

▼**木村摂津守**
名は喜毅、隠居後は芥舟。幕府軍艦奉行。咸臨丸の司令官。幕末四舟の一人。

▼**小野友五郎**
幕末から明治にかけての算術家。咸臨丸渡米では測量方を担当した。

たことも正直に書き留めている。

留蔵はのちに江川家の手代森田貞吉の養子となった。江川氏の手代は出世の登竜門といわれ、その手代から長崎海軍伝習所、そして咸臨丸などに派遣された。この縁組は留蔵の人物が優れていたこともあろうが、やはり榮への信頼によるものが大きいと思われる。明治四年（一八七一）海軍省の命により岩倉使節団の同行留学生★として米国フィラデルフィアで砲術を学んだが、六年官費制度廃止にともない帰朝した。八年再び私費でワシントンに留学するが、今度は農業を学び、帰国後韮山・伊豆山で牧羊場を試みた。留蔵は大正六年（一九一七）一月八日没した。享年七十四。

▼同行留学生
四三人の留学生には官費と私費の別があり、留蔵は海軍省の官費留学生、鳥居忠文は私費（華族）留学生であった。

これも壬生

鳥居家ゆかりの特産物

殿様、一カ月間の〝献立帳〟

岡田記念館（栃木県栃木市嘉右衛門町一ー一二）には、鳥居家九代忠燾の『御献立帳』が残されている。文化二年（一八〇五）の旧暦七月一日から二十九日まで、一カ月にわたり殿様の毎日のメニューを一日も欠かさず、克明に記したものである。殿様の献立というと、さぞ豪華だろうと思われるが、実際には味噌漬大根や塩漬け白瓜、季節の野菜、近くの川からとった魚など、ありふれた質素な食材が多い。注目すべきは、藩特産の干瓢が一カ月間に九回も食膳にのぼっていることである。

殿様商売？〝製茶工場〟

最後の藩主・忠宝は、明治三年（一八七〇）弟の忠文に知藩事の職を譲り、上稲葉村赤御堂（壬生町上稲葉）に隠居した。忠宝とともに移住した旧臣は、当時主要な輸出品のひとつであった緑茶に注目。赤御堂を開墾して茶の木を植え、忠宝を保護人として明治十一年に「共産社」を設立。製茶工場では九〇〇人の職工が宇治茶・緑茶の生産に携わり、米国ボストン府を中心に約二〇トンもの緑茶を輸出するようになった。順調に成長するかに見えたが、同十年代後半には不況により経営が悪化し解散した。

子爵が育んだ〝マスクメロン〟

明治以降の鳥居家は、三代にわたって子爵の位が授けられた。そのうち十四代鳥居忠一（一八八一ー一九三九）は東京農業大学選修科を卒業後、東京府荏原郡（品川区豊町）の戸越に設けられた三井園芸試験場（戸越農園）園長として長く果樹（ブドウ・ビワ）・蔬菜（マスクメロン）・洋ランなどの栽培・育種の研究にあたり、この分野では日本の草分けであった。

大正五年（一九一六）頃、忠一は日本メロン協会会長となり、メロンの品評会や展示会を催して栽培技術の向上や普及に努めた。六代忠英と同じく、ウリ科栽培の先駆けをなした業績は興味深い。

将軍が食した〝みぶ苺〟

壬生藩主から恒例の将軍家への献上物として、竹の子・素麺・牛蒡の三品が挙げられる。中でも領内上稲葉村・下稲葉村の牛蒡は、〝稲葉牛蒡〟として当地の名物とされ、浮世絵にも描かれた。今ではすっかり減少した〝稲葉牛蒡〟であるが、それに代わり今は〝みぶ苺（主に、とちおとめ）〟の主産地となった。寛文三年（一六六三）四月二十一日、将軍徳川家綱の日光参詣の際、壬生宿城での献立帳に「お菓子　いちご砂糖」とあり、家綱も食後のデザートに〝みぶ苺（当時は、木苺）〟を堪能したようだ。

第五章 壬生の幕末動乱

勤王と佐幕の狭間で翻弄されながらも勤王の藩として維新を迎えた。

戊申戦役の碑（壬生町安塚）

◆1

壬生剣客の系譜とネットワーク

壬生は神道無念流剣術の開祖福井兵右衛門の出身地である。
剣術が盛んな藩であり、また藩主が武芸を奨励したことにより剣客を輩出。
齋藤弥九郎を中心とする剣客の人脈が壬生藩をも取り込んで形成される。

神道無念流流祖

高島流砲術を語る上で忘れてならないのが、剣客の存在である。神道無念流《しんとうむねんりゅう》を興した福井《ふくい》兵右衛門★は、壬生の南はずれにあった藤葉村の出身であるが、その後何代かを経て江戸の三大道場のひとつとなった練兵館の主となったのが、齋藤弥九郎である。先述した江川坦庵は剣術における弥九郎の兄弟子にあたり、弥九郎は韮山代官である坦庵の部下としても活躍した。水戸藩の藤田東湖《ふじたとうこ》★、田原藩（愛知県田原市）の渡辺崋山、のちの新選組局長芹沢鴨《せりざわかも》★も弥九郎の兄弟子である。

練兵館は実践を重んじる道場であり、道場では兵学や儒学の講義も行っている。また、他流試合を禁じる道場が多い中、全国各地に赴いて他派の剣客と積極的に対戦し、試合を通じて長州藩（山口県萩市）の桂小五郎《かつらこごろう》・品川弥二郎《しながわやじろう》★など多くの

▼福井兵右衛門
神道無念流始祖。惣社村（栃木県栃木市惣社町）出身の野中権内より一円流を学んだ後に諸国へ武者修業に出、神道無念流を創始。江戸四谷で道場を開く。

▼藤田東湖
水戸藩士で水戸学派の儒者。徳川斉昭の側近として藩政改革を推進。幕政にも参与しつつ藩内外の尊攘派を指導するが、安政の大地震で死亡した。

▼芹沢鴨
水戸藩浪士。近藤勇らと新選組を組織し局長となるが、粗暴な性格や隊内での勢力争いが原因となり近藤に暗殺された。

神道無念流剣術の系譜

（略）―野中権内玄慶暉里（**神新影一円流剣術**）

- 野中権内布高
  - （略）
  - 粂川政之助（助谷村組頭・一円流師範）
- 福井兵右衛門嘉平（**神道無念流剣術・壬生出身**）
  - 戸賀崎熊太郎暉方
    - 岡田十松吉利（撃剣館道場主）
      - 齋藤弥九郎善道（練兵館道場主）
        - 齋藤新太郎龍善（二代目弥九郎）
        - 松本五郎兵衛昇（壬生藩士・「練兵館」初期の高弟）
        - 友平榮敏行（壬生藩士・「練兵館」初期の高弟）
        - 野原正一郎正道（壬生藩士・「練兵館」四天王）
        - 那須唯一正武（壬生藩士・長州藩「勇士組」・脱藩）
        - 桂小五郎（長州藩士・元帥生新陰流・「練兵館」塾頭）
        - 渡辺　昇（大村藩士・「練兵館」塾頭）
        - 谷　干城（土佐藩士）
        - 品川弥二郎（長州藩士）
        - 仏生寺弥助（西大平藩士・本姓　吉村豊次郎）
        - 高杉晋作（長州藩士・柳生新陰流・私淑）
      - 江川坦庵（韮山代官・韮山塾主宰）
        - （**高島流砲術**）
          - 江川英敏（二代目）―江川英武（三代目）
          - 齋藤弥九郎善道（改名　斎藤左馬之助・岩嶋傳九郎）
          - 齋藤新太郎龍善（二代目弥九郎）
          - 友平榮敏行（壬生藩士・「韮山塾」初期の高弟）
          - 友平慎三郎（壬生藩士）
          - 齊藤留蔵（壬生藩士）
          - 桂小五郎（長州藩士・改名木戸孝允）
      - 藤田東湖（水戸藩士）
      - 渡辺崋山（田原藩士）
      - 芹沢　鴨（新選組局長）

（**長沼流兵学**）

清水俊蔵

- 齋藤弥九郎善道（練兵館道場主）
- 松本五郎兵衛昇（壬生藩士・聖徳太子流師範）

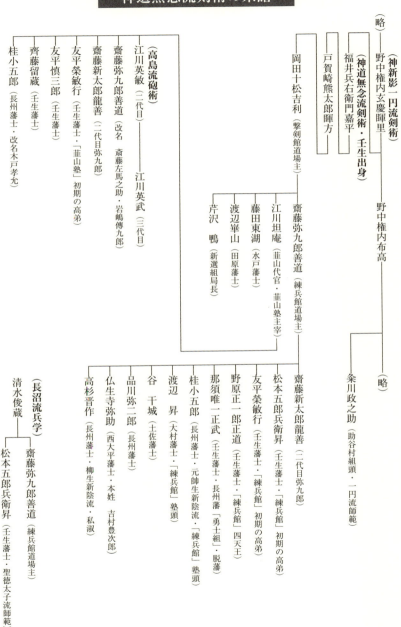

剣客が練兵館に入門している。

壬生藩からも藩の聖徳太子流剣術師範の松本五郎兵衛をはじめ、野原正一郎、先述の友平榮、那須唯一★らが練兵館に入門していたことが判明している。とりわけ、野原正一郎は高弟中の高弟であり、弥九郎の長男新太郎が試合のため全国を行脚した際に同行した四人の中にも選ばれている。

一方、高島流砲術に関しては、弥九郎は友平榮らと同じく坦庵の弟子であり、桂小五郎や齋藤新太郎も坦庵から砲術を学んでいる。さらに、弥九郎と松本五郎兵衛は長沼流兵学の清水赤城《しみずせきじょう》★の弟子として同門でもある。弥九郎・坦庵の二人を中心とした人脈ネットワークに、壬生藩も組み込まれていた様子が窺える。

高杉晋作、「試撃行」

万延元年（一八六〇）、日本ははなはだしい攘夷の風潮の中にあった。

この年、二十二歳の長州藩士高杉晋作《たかすぎしんさく》★は、剣術修業のため北関東から北陸を巡る旅に出発する。この旅について晋作自身が残した記録がある。この日譜によると、八月二十八日に江戸の長州上屋敷を出発し、小塚原《こづかっぱら》の吉田松陰の墓に詣でた晋作は、千住（東京都足立区）で見送りの桂小五郎、久坂玄瑞《くさかげんずい》★らと別れ一カ月の試撃行の旅に出る。

▼品川弥二郎
長州藩士。吉田松陰の門下生。尊攘運動に参加し、戊辰戦争では新政府軍として東北各地で戦う。明治新政府では産業に関する内政を中心に活躍した。

▼那須唯一
本姓は多々良、名は正武。齋藤新太郎の依頼により長州藩勇士組に参加。力士隊の隊長となり、元治元年（一八六四）に禁門の変で戦死した。なお、毛利家の記録では壬生藩士となっているが、現存する分限帳には那須の家名はない。従五位。

▼清水赤城
長沼流の兵学者。徳丸原の砲術演習にも参加。

▼高杉晋作
長州藩士。松下村塾で吉田松陰に学び、外国艦隊の下関攻撃に際して奇兵隊を組織。藩内保守派と争って脱藩後、藩の主導権を握り、長州藩の討幕姿勢を決定付けたが、慶応三年（一八六七）病死。

高杉晋作は、藩士としては柳生新陰流《やぎゅうしんかげりゅう》の内藤作兵衛の弟子であるが、藩の方針により実践的な神道無念流が導入されることになり、また練兵館の塾頭を務めた先輩桂小五郎を通じて、齋藤弥九郎の薫陶を受けたものと思われる。そのため、この試撃行の旅に齋藤弥九郎の添書（紹介状）を持参している。にもかかわらず、さまざまな理由から、土浦（茨城県土浦市）、笠間（茨城県笠間市）、宇都宮、日光とずっと試合の機会を得られなかった。晋作は九月九日の夕方、壬生に到着するとすぐ神道無念流の剣客松本五郎兵衛方に使いを送り、添書を渡して試合の申し込みをしている。松本五郎兵衛は、藩士としては聖徳太子流剣術の師範であったが、齋藤弥九郎から神道無念流の免許を受けており、晋作は弥九郎を通じて五郎兵衛の名前を知っていたのではないかと思われる。間もなく、使いとして門弟が訪れ、明朝試合を受けるとの返事とともに、同時に試合を行うもう一人の剣客がいることを知らせる。翌十日には約束どおり試合が行われ、「他流試合士名帳★」の初めに「野州壬生藩　聖徳太子流　松本五郎兵衛門人」として、五郎兵衛とほか一一人の名前が記されている。しかし、試合の前日の記述を最後に、日記形式で記されていた日譜は、しばらくの間雑多な文章断片の寄せ集めになってしまう。「他流試合士名帳」にも試合結果までは記されておらず、なぜ日記がこの日でいったん途切れてしまったのかを示す確かな史料は現在のところ確認されていない。ただ、松本五郎兵衛の子孫に伝わる話では、晋作は五郎兵衛と立ち会って全く勝

▼久坂玄瑞
長州藩士で吉田松陰の門下生。高杉晋作とともに藩論を尊攘に変えたが、元治元年（一八六四）禁門の変において自害。

▼「他流試合士名帳」
高杉晋作が「試撃行」の旅に持参した試合帳。当時の剣客の間では他流試合の際に試合帳を持参し、対戦相手の名を記してもらうことが広く行われていた。

松本五郎兵衛肖像
（個人蔵）

高杉晋作肖像
（港区立郷土歴史館蔵）

高杉晋作「試撃行」旅程

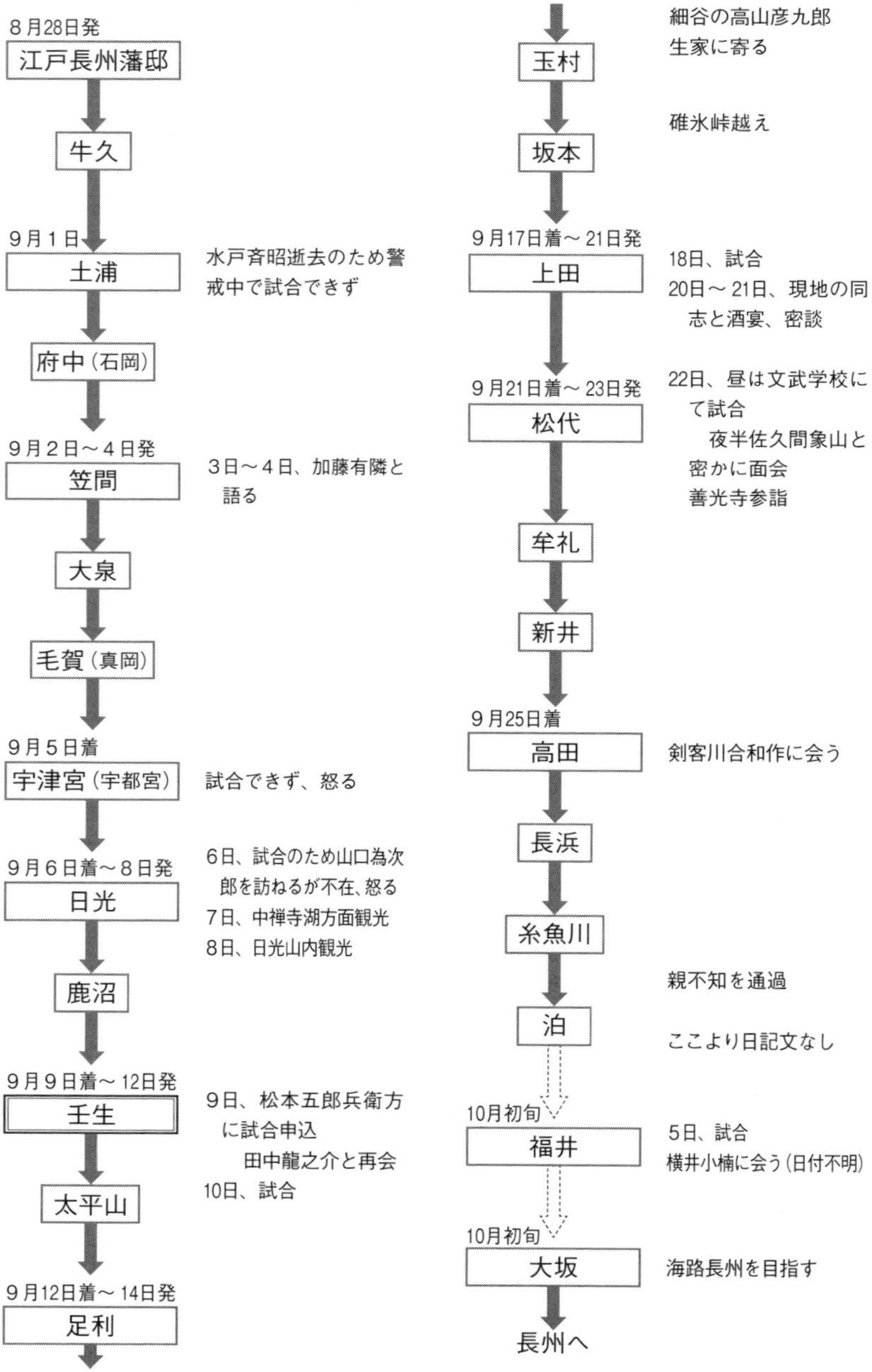
8月28日発
江戸長州藩邸
牛久
9月1日
土浦
水戸斉昭逝去のため警戒中で試合できず
府中（石岡）
9月2日～4日発
笠間
3日～4日、加藤有隣と語る
大泉
毛賀（真岡）
9月5日着
宇津宮（宇都宮）
試合できず、怒る
9月6日着～8日発
日光
6日、試合のため山口為次郎を訪ねるが不在、怒る
7日、中禅寺湖方面観光
8日、日光山内観光
鹿沼
9月9日着～12日発
壬生
9日、松本五郎兵衛方に試合申込
田中龍之介と再会
10日、試合
太平山
9月12日着～14日発
足利
玉村
細谷の高山彦九郎生家に寄る
碓氷峠越え
坂本
9月17日着～21日発
上田
18日、試合
20日～21日、現地の同志と酒宴、密談
9月21日着～23日発
松代
22日、昼は文武学校にて試合
夜半佐久間象山と密かに面会
善光寺参詣
牟礼
新井
9月25日着
高田
剣客川合和作に会う
長浜
糸魚川
親不知を通過
泊
ここより日記文なし
10月初旬
福井
5日、試合
横井小楠に会う（日付不明）
10月初旬
大坂
海路長州を目指す
長州へ

つことができなかったということである。

幕末最強の剣士

神道無念流齋藤弥九郎の練兵館には、桂小五郎をはじめ長州藩士が多数修業していた。当然、誰が抜群の剣術遣いかは衆目の一致するところとなり、長州藩は壬生藩士である剣の達人、野原正一郎を自藩に引き抜こうとした。

野原正一郎は文政十一年（一八二八）壬生藩士野原正助の嫡子として壬生城下に生まれた。十代で齋藤弥九郎の「練兵館」に入門すると非凡な才能を発揮し、弘化四年（一八四七）の二月、十九歳で「練兵館社中」の猛者三八人の一人として、「都下諸流試合」といわれる幕末最初の壮烈な道場対抗試合に参加した。また、同年四月、齋藤弥九郎の長男新太郎が約三年にわたる諸国修業の旅に出ることになった際に、同行したのは正一郎、清水牧太、山田惣二郎、細田泰一郎ら「練兵館社中」の四天王であった。長州藩の史書『忠正公伝』に「入萩後は馬来、内藤、北川、平岡、森重、来栖《くるす》の諸稽古場を廻りて試合せしが、我剣士殆ど皆及ぶものなし」とあるように、長州藩の剣士たちも、誰一人として齋藤派無念流に勝つことができず、すべての道場が破られている。この時試合に臨んだのは正一郎と齋藤新太郎・細田のわずか三名であったが、正一郎は練兵館社中の数ある門

野原正一郎肖像
（個人蔵）

人の中でも当代一流の遣い手であった。長州藩主も正一郎に対しては「先生」と呼びかけている。

正一郎の強さを伝える逸話がある。正一郎が高尾九介という剣客と他流試合を行った際、なかなか負けを認めない九介にむっとした正一郎が〝これでもか〟と大喝して脇腹へ突きを入れたところ、竹刀の先が稽古着を破って体に刺さってしまい、一時は命が危ぶまれるほどの重傷となった。名医を呼んで治療してもらい、なんとか一命を取り止めたが、この事件がきっかけで練兵館の稽古は荒いと評判になり、一時入門者が減ったそうである。

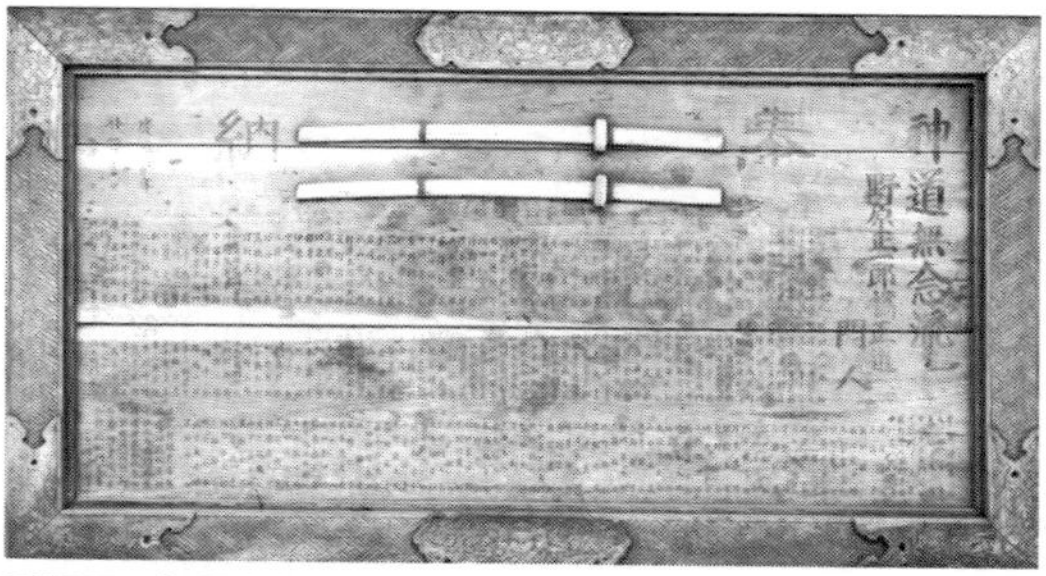

野原正一郎門人奉納額（太平山神社蔵）

② 壬生尊攘派と藩内クーデタ

鳥居忠挙の死去により幼い藩主忠宝を門閥重臣が補佐する形となった壬生藩。藩政の混乱は、尊攘派の若い藩士らによる藩政掌握で一応の決着をみる。そこに降りかかったのが、関東一円をゆるがす「天狗党の乱」であった。

鳥居志摩事件の顚末

関東譜代としては当然のことではあるが、安政の大獄（安政五年〔一八五八〕）、桜田門外の変（安政七年）、坂下門外の変（文久二年〔一八六二〕）等、尊王派志士と草莽《そうもう》が中心となって活動する時期に、壬生藩は目立った動きを取ってはいない。だが、島津久光★の率兵上京以降、朝廷の圧力による一橋慶喜の将軍後見職就任、松平慶永《まつだいらよしなが》★の政事総裁職就任、将軍徳川家茂の奉勅攘夷請書提出という、従来では全く予想もされなかった急激で大規模な幕府制度の変革の中で、この家茂の奉勅攘夷請書提出は、政治的激動に完全に乗り遅れていた壬生藩で守旧派と尊王攘夷派の対立を遂に表面化させる。

松本暢《まつもとちょう》を中心とした藩内尊攘派は藩主の意向を体し、鳥居家一門である江戸

▼**島津久光**
薩摩藩主島津斉彬の異母弟。家督争いで斉彬に敗れたが、斉彬の遺言により藩主となった忠義の父として実権を握った。公武合体派の中心人物として尊攘派を弾圧。

▼**松平慶永**
田安家出身の福井藩主。号の春嶽でも知られる。一橋慶喜と協力して公武合体を推進する。

家老鳥居志摩と国元家老を文久二年（一八六二）十二月末に「不正の筋あり」との名目で自刃に追い込み、一挙に藩政を掌握する事態となった。俗にいう「鳥居志摩事件」である。この時期、日本全国の諸藩で起きた守旧派・尊攘派間の激突と尊攘派の藩政掌握が、壬生藩では典型的な形で爆発したのである。

謀反人　松本暢

攘夷派の中心人物の一人、松本暢は、栃木町の南、例幣使《れいへいし》街道富田宿（栃木県栃木市）の出身で身分としては武士ではない。栃木町とその南部の都賀郡地域は下野国内でも文化的に注目すべきところで、この狭い地域から松本暢・国分義《こくぶよし》胤《たね》★・川連虎一郎《かわつれこいちろう》★という力量のある国事周旋家を三人も輩出している。暢と横堀村（栃木県栃木市）の義胤は、ともに同郡水代村（栃木県栃木市）の豪農田村治兵《たむらじへ》衛《え》に寄寓して開塾していた峰岸休文★の門弟で、のちに暢は江戸に出て藤森弘庵《ふじむらこうあん》★に、義胤は太田錦城《おおたきんじょう》の第四子太田玄齢《げんれい》に儒学を学ぶ。また郡内の関宿《せきやど》藩（千葉県野田市）飛地、真弓《まゆみ》村（栃木県栃木市）の豪農川連虎一郎は、暢とは従弟どうしで極めて親しい間柄であった。虎一郎の母親と暢の母親が姉妹だったのである。この虎一郎も弘庵に学び、大庄屋として農兵組織の責任者となった。また、義胤も関宿藩の飛地である横堀村で農兵の組織化に関わる。

松本暢肖像（個人蔵）

▼国分義胤
横堀村出身の医師・勤王家。峰岸休文に学んだのち江戸に遊学して大橋訥菴に師事し、勤王の志士と交流。維新後出仕するが官を辞して帰郷、家塾を再開し子弟の教育に尽力した。

▼川連虎一郎
関宿藩領真弓村の豪農。筑波勢に共感して協力者となるが、別行動中に筑波山に転進した筑波勢から取り残され、単身江戸まで逃れて暗殺された。

▼峰岸休文
鍋山村（栃木県栃木市）生まれの医師・儒者。鹿沼宿の鈴木石橋に儒学を学んだのち長崎で医学を修業し、田村治兵衛宅に寄寓して医業を営む傍ら私塾を営んだ。

藤森弘庵★は、門弟松本暢の人物とその能力を高く評価し、親交のあった壬生藩医石﨑正達の養子に推薦した。正達には娘もいなかったため、剣術師範を務める松本五郎兵衛の娘を養女とし、暢と結婚させた。いわゆる夫婦養子である。

弘庵は安政五年（一八五八）十月、安政の大獄で捕縛され江戸所払いの処分を受けるので、この養子縁組はそれより前のことではなかったかと考えられる。藩医の跡取りとして医術を身に付ける必要が生じた松本暢は、初め江戸で著名な浅《あさ》田《だ》宗伯《そうはく》★に学び、次いで水戸に遊学して水戸藩医本間玄調《ほんまげんちょう》★のもとで医術修業を行っている。水戸での修業中、藤田東湖の庶子藤田小四郎《こしろう》★と親交を結ぶことになる。修業を終えると「石﨑誠庵」を名乗って養父の補佐として診療を行い、その傍ら私塾を開いて門下に教授したのである。文久元年（一八六一）十一月、藩主忠宝の侍講として藩主を補佐することとなり、尊攘派同志のリーダーとして前述の「鳥居志摩事件」を起こしたのである。この事件後、藩主は暢を指南役と仰ぐこととなった。

その後、「天狗党の乱」をきっかけに脱藩した暢は京都で後藤象二郎★・佐々木高行★らと交流したのちに尾張藩に仕え、尾張藩より推挙され新政府に出仕し、刑部省で大丞《たいじょう》を振り出しに大判事、司法中判事を経て権大判事まで出世、正五位となる。この後、旧知藩事鳥居忠文が司法中録となる際にも、また法律修業のため渡米するにあたっても、暢の仲介があったのではないかと考えられる。

▼藤森弘庵
尊攘派の土浦藩儒。藩政改革を主導したが、戊午の密勅事件（幕府を経由せず水戸藩に直接攘夷の勅語が下されたことを発端とする）に連座して罷免され、さらに安政の大獄により江戸を追放された。

▼浅田宗伯
漢方の大家。幕府の奥医師を務める。明治維新後は明治天皇の子女、とりわけ明宮（大正天皇）の侍医を務めた。『浅田飴』の創始者。

▼本間玄調
号は棗軒。水戸藩主徳川斉昭の侍医。華岡青洲に外科術を学ぶ。水戸藩学弘道館の医学館教授を務めた。

▼藤田小四郎
水戸藩の尊攘派の志士で藤田東湖の四男。天狗党（筑波勢）の実質的な首領。

▼後藤象二郎
土佐藩出身の政治家。松本暢の死去に際して友人として墓碑を揮毫した。

▼佐々木高行
土佐藩出身の政治家。岩倉使節団に同行。松本暢の刑部省・司法省時代の上司にあたり、日記『保古飛呂比』には暢の仲介で鳥居忠文に会ったことが記される。

壬生藩尊攘派の苦悩

文久三年（一八六三）に入ると将軍徳川家茂が上洛し、義兄である孝明《こうめい》天皇と攘夷の方策について協議することになる。江戸では前年八月に生麦事件の賠償金を要求する英国艦隊が押し寄せて大騒動となり、壬生藩も江戸防備に動員される。賠償金支払後の六月、今度は大坂城代を支援する大坂加番を命ぜられ、藩主忠宝《ただとみ》と松本暢は部隊を率いて政局激動の震源地である上方に赴くことになる。

藩主留守のまま元治元年（一八六四）を迎えると、関東の情勢は風雲急を告げる。横浜鎖港政策の実行に向けて幕府に圧力を加えようと、この年の三月、水戸藩の藤田小四郎が筑波山《つくばさん》に同志を集め、義挙の旗を掲げた。いわゆる「天狗党の乱」である。この事態に、藩政を担当する尊攘派は、尊王攘夷の志と藩を維持する使命の間で揺れ動く。藩主は不在、指導的立場にある松本暢もおらず、蜂起の趣旨には賛同するが、藩の立場としては関東譜代のそれを堅持せざるを得ない。さらに、藩主の個人的信頼を楯に藩内守旧派を力で制圧したことから藩内政治にも混乱が生じていた。

尊攘派同志の一人、太田信義は藤田らの蜂起の意向を決行直前に把握★して藩政執行部に伝える一方で、壬生で調達した武具・兵糧を筑波勢★に届ける役目をする。

▼決行直前に把握
この年の一月、藤田小四郎自身が川連虎一郎とともに壬生城大手門前の宿屋、綿屋を訪れ、藩尊攘派に攘夷決行の意志を伝えるとともに壬生藩の協力を求めたとの記録が残されている。

▼筑波勢
攘夷決行のため蜂起した水戸藩士の一団を一般的には「天狗党」と呼んでいるが、壬生藩が主に関わったのはその中でも初めに筑波山で蜂起した藤田小四郎率いる一団であり、壬生藩に関する資料中では「筑波勢」と記されることが多い。

鎌田寸四郎★は探索御用を命じられ、脱藩の形を取って挙兵に参加しつつ時々密かに壬生に戻り、日光山占拠に失敗して太平山《おおひらさん》に陣を張っている筑波勢が壬生に現れる可能性があると報告。執行部は攻撃を避けるため、筑波勢の象徴である水戸烈公《れっこう》（徳川斉昭《なりあき》）の位牌に供えるとの名目で軍資金五〇〇両を贈った。

このように藩当局の姿勢が定まらない状況では、筑波勢の使者が実際に壬生を訪れて攘夷決行への協力を求めても、藩としては「幕府の指示がなく、藩主も不在のため返答できない」とあいまいに拒絶するほかに方法はなかった。

しかし、筑波勢の太平山での滞陣が長引くにつれて、山麓の栃木町（栃木県栃木市）をはじめ周辺地域での乱暴狼藉や強引な資金集めが、次第に住民たちの反感を買うようになる。それを決定付けたのが、太平山を下りて再び筑波山を目指す筑波勢が引き起こした栃木町での放火殺人事件、いわゆる「愿蔵《げんぞう》火事」である。幕府の姿勢も、筑波勢を「浮浪屯集」として鎮圧する方向に傾いていく。同年七月、壬生藩主に対しても国元の危機を理由に大坂加番の免除と帰国の命が下り、藩主鳥居忠宝が壬生に帰着する。そして禁門の変での長州勢の大敗以降、関東での筑波勢追討の動きが本格的となる。

壬生藩当局は鎌田寸四郎を捕縛し、かろうじて続いていた藩の尊攘派執行部も全員が罷免された。鎌田は獄中で自刃し、藩主より一足先に帰藩していた松本暢も自宅に幽閉されることになり、その後脱藩した。

▼鎌田寸四郎
壬生藩士。藩内尊攘派のうち、天狗党の乱に関連して死亡した唯一の人物である。

③ 天狗党討伐と壬生藩兵の活躍

幕府軍の追討が本格化する中で「天狗党の乱」は主戦場を常陸国方面に移す。
壬生藩は関東譜代として追討軍の主力の一角を担うことになった。
前藩主忠挙のもとで培われた人材が獅子奮迅の活躍を見せる。

筑波勢と関八州譜代勢

関東諸藩と筑波勢との対決姿勢が定まりつつある中、水戸藩でも尊攘派と対立する諸生党が権力を握り、今まで藩政の中枢にいた武田耕雲斎《たけだこううんさい》★ら尊攘派は筑波勢とともに追討の対象となった。これに力を得た幕府により関東・東北諸藩による追討軍が組織される。

一方、筑波勢にとっては予想外の事態となった。筑波勢は諸生党と断固闘うべしとする強硬派と、この苦境をなんとか切り抜けて再起を図るべしとする南下派に分裂した。しかし鹿島《かしま》・潮来《いたこ》に南下した一団は北・南・西の三方から十重二十重に包囲されていた。しかも相手は幕府と諸藩の兵だけではなく、農民たちが自警組織を作り、日夜徹底的に残党狩りを続ける中の逃避行である。

▼武田耕雲斎
水戸藩士。藤田東湖らとともに藩主徳川斉昭を補佐した。筑波勢の挙兵に際し、藤田小四郎に説得されて尊攘派の首領となる。一時藩政を掌握するが、保守派の巻き返しにより水戸を追われて筑波勢と合流して西に逃れ、敦賀（福井県敦賀市）で斬首された。

壬生藩は下総国内の藩の飛び地、山川新宿（茨城県結城市）を防衛するために藩の山川陣屋に軍勢を送っていたが、幕命に従い、高須大助《たかすだいすけ》を総指揮官として数百の藩兵を筑波勢の立てこもる筑波山に派遣する。そして筑波山から志筑《しづき》・岩間・笠間へと北上する筑波勢を追って水戸城下に入り、那珂川を越えた北の菅谷周辺に配備されるが、向かう平磯は「水戸大発勢」★・武田耕雲斎・潮来勢など、敵となる水戸藩尊攘派、いわゆる「天狗党」の中でも最も手強い勢力が死守している土地であった。

雲雀塚の激戦

最初の激突は部田野雲雀塚《へたのひばりづか》（茨城県ひたちなか市）の闘いである。砲兵隊の指揮官は友平榮の娘婿友平慎三郎。乱戦のまま日没を迎え、あちこちで民家が炎上する中、隊列を正して軍勢を整え、敵を打ち払いつつ退却した。

第二戦は部田野湊原である。ここでも友平慎三郎の砲兵隊が活躍する。しかし軍師渕本半蔵《ふちもとはんぞう》や仁木官藏《にきかんぞう》・篠崎伊三郎《しのざきいさぶろう》らが勢いに任せて追撃し、間合いが六、七間になったところで、突如敵兵二〇名ばかりが反転して小銃を乱射したため、渕本は重傷を負って自刃し、仁木と篠崎は戦死★、また御先手小頭中村為之丞《なかむらためのじょう》★も頭を銃弾で撃ち抜かれて即死と、壬生藩として初の犠牲者を出した。

▼「水戸大発勢」
水戸藩の支藩宍戸藩主である松平頼徳が率いる軍勢。水戸藩主徳川慶篤の名代として内乱を鎮圧すべく派遣されたが、水戸を追われた尊攘派が軍勢に加わったため追討の対象となり、やむを得ず筑波勢とともに戦った。

▼仁木と篠崎は戦死
二人は一時行方不明とされたが、天狗党敗走後に湊（那珂湊）の寺跡で仮埋葬された遺体が見つかった。

▼中村為之丞
死亡時に身に着けていた、銃弾の貫通痕のある鉄の「陣笠」と忠宝より下賜された槍が中村家に伝来する。

この日の戦闘は激烈を極め、しかも攻め手の幕府・諸藩連合軍は指揮系統が統一されておらず、水戸藩諸生党の市川三左衛門勢が先頭で戦いつづけているのに引き揚げ命令が出されたことに市川が抗議する一場面もあった。壬生藩も、友軍が引き揚げる中で戦場にとどまるわけにいかず、退却を余儀なくされた。

第三戦は再び雲雀塚における激突である。この日は幕軍・諸藩軍が無様に敗北する結果となった。ただ壬生藩だけは友平慎三郎の砲兵隊と物頭小笠原甚三郎率いる小筒隊が後退を食い止め、整然たる引き揚げに成功している。

第四戦は中根村《なかねむら》（茨城県ひたちなか市）の壬生藩陣所で発生。夜討ちをかけられたが、夕飯の最中で応戦態勢が整わずに静まりかえっていて、間近まで敵兵が来た時に壬生勢が一斉に大小銃砲を撃ち放すという予想外の展開となる。そのため「壬生勢は奇襲に対して落ち着いて待ち伏せした」と評判になり、総指揮官の若年寄田沼玄蕃頭★より軍師松本五郎兵衛に褒詞《ほうし》がかけられた。

このように、四度の闘いの中で一度も大敗せず勇敢に闘ったことで、壬生藩鳥居勢の評判は極めて高いものになった。それは西洋流砲術の熟練者友平榮・慎三郎父子が指導した砲兵隊・小銃隊の戦闘能力が格段に優れていたからであろう。

瓦版『浮浪追討強弱取組競』

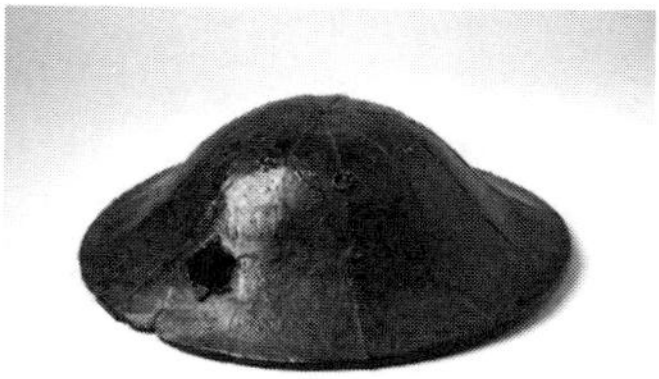

弾痕のある中村為之丞の陣笠
（個人蔵）

▼田沼玄蕃頭
田沼意尊。相良藩（静岡県牧之原市）藩主。

雲雀塚の戦いにおいて壬生藩兵は善戦し、民間でも壬生藩兵の活躍を称える戯歌〝江戸で庄内、京都で会津、雲雀塚では鳥居さん〟や狂歌〝千早ふる 神の業かと 天狗らは 鳥居の旗に 恐れこそすれ〟などが作られた。また、瓦版『浮浪追討強弱取組競★』においても壬生藩鳥居勢は「強方」の関脇に配されている。敗北を喫した宇都宮勢や福島板倉勢は「弱方」、とくに宇都宮勢は関脇に配されている。

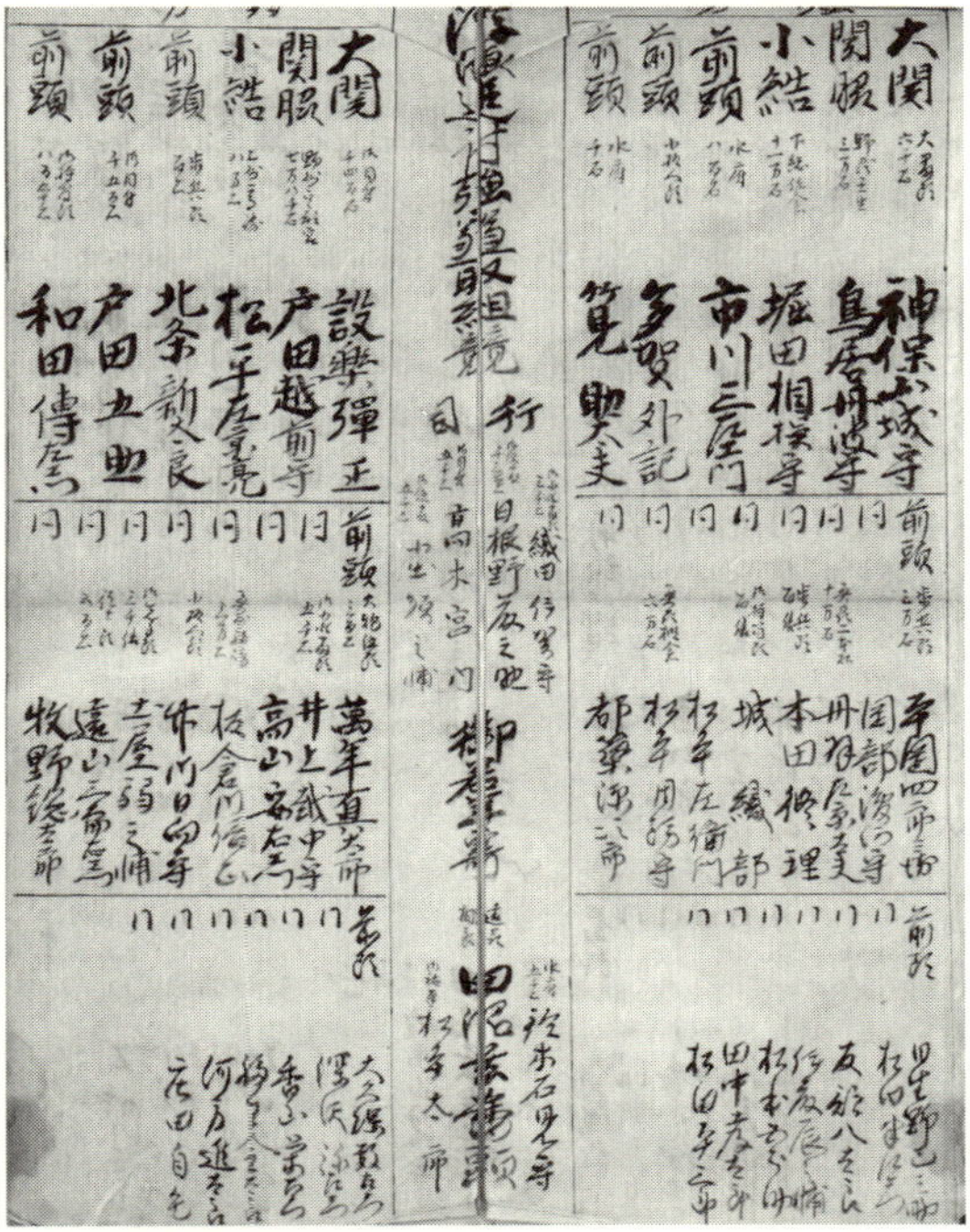

『浮浪追討強弱取組競』
（個人蔵）

▼瓦版『浮浪追討強弱取組競』
藩領助谷村の粂川半兵衛による、天狗党討伐の一部始終を記した手控え帳「元治元年筑波勢一件日記」による。

④ 戊辰の戦い――外圧に揺さぶられる壬生藩

佐幕か勤王か、西から押し寄せる大波は壬生藩にも襲来した。徳川家と縁の深い鳥居家では、その選択は苦渋に満ちていた。勤王の藩となった壬生藩に最後の試練が迫る。

鳥羽・伏見の戦い後の混乱と壬生藩

慶応四年（一八六八）一月六日、鳥羽・伏見の戦いによる旧幕府軍の敗退により、新政府軍の勢力が増大した。「錦の御旗」の登場により新政府軍は「官軍」という大義名分を背景に、諸藩に対して藩主の上京と軍資金の上納を命じてきた。

壬生藩では、藩主忠宝《ただとみ》は病気だとして、まず二月二十七日、家老の鈴木吉得、留守居の清水丈助、士分の熊倉小三郎等を上京させた。三月二十四日には、藩主忠宝の弟、忠文を忠宝名代として、松本五郎兵衛、野原正一郎、医師の榊原玄瑞らとともに上京させた。九月五日には、遅れていた軍資金三〇〇両を「当五月上納分」として新政府に上納した。京都に残留した鳥居忠文一行は、三月から九月にかけ壬生藩の立場を守るため尽力していた。

大政奉還以降の政治が混乱する中で、関東では上野、下野、武蔵の諸国で、「世直し一揆」が勃発していた。下野では、「ぼっこし」といわれた村の富裕層を対象とした打ち壊しは、三月二十九日の安塚村（壬生町安塚）や石橋宿（下野市石橋）に始まった。宇都宮藩や真岡代官所支配の村々を中心に、下野中央部に広がっていった。宇都宮藩領から西方へと向かった一揆は、楡木宿や鹿沼宿南方の村々（いずれも現鹿沼市内）を一揆の渦中に巻き込んでいった。

壬生藩では、鹿沼宿方面から南下する世直し一揆に対して、四月六日、郡奉行の茂木紀孝と物頭の小島欽橘等を派遣。磯村（鹿沼市磯）を拠点として一揆勢に備えた。一揆勢は半田村（鹿沼市北半田）に集結し磯村に向かってきたため、壬生藩兵は空砲を放って撃退。十一日昼頃、西方郷内の一揆勢による金崎宿（栃木市西方町金崎）名主重右衛門家の打ち壊しの鎮圧を、古宿村（栃木市西方町元）名主三沢作兵衛が要請してきた。小笠原甚三郎が銃砲隊とともに磯村より鎮圧に出動。金崎宿より引き揚げてきた一揆勢に発砲したところ、旗本横山家（西方郷内六カ村が知行地。古宿村に在地の陣屋を置いた）の代官石川某からの抗議により、壬生藩兵は発砲を中止して磯村に引き揚げた。城付領の周辺の村々で発生した世直し一揆だが、壬生藩では領内への波及を食い止めることに成功した。

一方で、一揆勢の鎮圧に東征してきた新政府軍の支援を受けた藩では、一揆の鎮圧とともに新政府軍に戦わずして恭順するという状況が見られた。関東の世直し一揆は、幕府の本拠であった関東への新政府勢力の浸透に貢献したといえよう。

　三月から四月の下野一帯は、世直し一揆に加えて、江戸開城後に、徳川家の聖地日光を目指す旧幕府陸軍脱走兵、会津や桑名藩士等々の旧幕府勢力が流入していた。元歩兵奉行の大鳥圭介は、幕府陸軍の中核であった伝習隊はじめ総勢一六〇〇人を率いて北上、十五日には下総の諸川（茨城県古河市）に達した。宇都宮城に拠点を置いていた新政府軍は、小山宿（栃木県小山市）から結城城下（茨城県結城市）にかけて防衛線を張り、北上する旧幕府軍の阻止を図った。四月十六・十七日の戦闘は、旧幕府軍が優勢で、小山宿東方で苦戦した壬生藩兵は、壬生城守備を理由に壬生城に戻っていた。十九日には、宇都宮城が旧幕府軍に攻め落とされた。この旧幕府軍による宇都宮城の攻撃では、元新選組副長の土方歳三が、宇都宮城でも防備の薄い南東側から攻撃して落城に導いた話が知られている。

　その前日十八日には、大鳥圭介から壬生藩に対して、これまでの新政府軍側の一員としての行動に対する問責と宇都宮への道案内を命じる使者が送られてきた。壬生藩は、道案内に応じ、旧幕府軍を間道を伝って夜までに雀宮宿へ到達させた。この部隊は、翌日の宇都宮城攻撃の一翼を担い、落城へとつながっている。

　宇都宮城を放棄した新政府軍は、古河《こが》城へ退去した。十六・十七両日の「新政府軍敗北」の急報で、新政府軍は内参謀河田左久馬（鳥取藩）、副参謀有馬藤太（薩摩藩）と鳥取・土佐・松本の三藩兵が二十日の午後壬生城に到着。その後も新

島田家長屋門
新政府軍は名主の島田家に本陣を置いた。現存する長屋門には、この時の弾痕が残っている。

政府軍が続々と到着した。壬生藩は、二の丸の藩主居宅や藩士の家を宿舎として提供した。また、壬生城が宇都宮城奪還のための拠点となったことから、城下町の各口の防備を固めた。各口の隊長以下諸役、人数は次のとおりだ。

＊大手口　隊長高須蔵人、大砲二門と砲士八人、槍士六人、
大筒奉行友平榮、物頭小笠原甚三郎　足軽三二人、
中筒奉行穂積家三郎　中筒士一二人、槍持一二人

＊上河岸口　隊長井狩平格、物頭小島欽橘、足軽三二人、持筒頭小西曽兵衛、
持筒半組一〇人、中筒士六人、槍持六人

＊南大手口　中筒士六人、番士六人、持筒二人、足軽二人、

＊台宿口　大砲奉行友平慎三郎、大砲二門と砲士一四人、足軽一六人、
中筒士六人、槍持六人、

＊その他の六カ所口々見張所（六カ所の位置は記載なし）
士分二人、持筒二人、足軽二人の組み合せで三六人

＊安塚派遣隊
隊長高須源兵衛、目付山口謹一郎、物頭淵本藤一郎、足軽三二人、
中筒奉行仁木鉄五郎、中筒士一二人、槍持一二人他、計七五名

"安塚の戦"と"壬生城攻防戦"

四月十九日、旧幕府軍により宇都宮城が攻略されたことから、新政府軍は、壬生城を拠点に宇都宮城の奪還を図った。壬生城に土佐・鳥取藩等の藩兵二〇〇〇余人を中心に近隣諸藩の兵を合わせた総勢三七〇〇人が集結したことを知った旧幕府軍は、四月二十一日に軍議を開いた。大鳥圭介が進撃論、会津藩の柿沢勇記が慎重論を展開。壬生城進撃が決定した時には、夕方になっていた。

同じ頃、壬生藩の友平慎三郎が宇都宮城に赴き「援軍は到着したが、防備は整っていない。今夜攻撃すれば勝機がある」との情報を伝えていた。友平慎三郎は、壬生藩の大砲奉行という藩の重職にあり、壬生城防備では、台宿口（城下北口）守備の責任者だ。自陣を抜け出して敵の本陣に赴き、味方の情報を伝え、攻撃をそそのかすという行為は、重大な裏切りだ。事が露見すれば、打ち首や切腹は免れない行為だが、処罰された記録はない。壬生藩としても、先の十八日に、旧幕府軍を雀宮宿（宇都宮市雀宮）まで間道を使って道案内という、利敵行為をしている。四月八日以来、新政府軍の指示に従って行動して、壬生城も新政府軍に明け渡してはいるが、完全には新政府側になり切れていない壬生藩の状況が垣間見られる動きだ。

友平のもたらした情報に呼応するように、旧幕府軍のうち伝習第一大隊・御領兵七連隊・新選組は二十一日中に幕田村に到着。伝習第二大隊は、翌二十二日になって雀宮道からの進軍を始めた。

新政府軍は二十一日、旧幕府軍が幕田村に襲来との情報を得、鳥取藩付属の山国隊一小隊、吹上藩・松本藩の一小隊・土佐藩一小隊・大久保駿河守手兵一小隊・大砲三門を安塚村に派遣する。壬生藩の安塚派遣隊は、先鋒を命ぜられ他藩兵とともに夕方までに安塚村に到着した。

姿川を挟んで対峙していた両軍は、二十二日丑刻（午前二時頃）、旧幕府軍が幕田村に出没するのを探知した山国隊の発砲で戦闘が始まった。大暴風雨という最悪な天候、しかも夜間の戦闘は、相手の銃口が発する火炎を標的として発砲する有様だった。伝習隊第二大隊が合流した旧幕府軍は、有利に戦いを進め姿川を越えて安塚宿内に迫った。朝になり壬生城から河田等の援兵が加わったことで一転、新政府軍に有利となった。深夜からの戦闘で、兵隊は疲労し、弾薬も欠乏したことから、旧幕府軍は幕田村に引き揚げ、安塚の戦いは新政府軍の勝利で終了した。

壬生藩は、安塚村到着直後は西からの襲撃に全員で備えたが、夜には二手に分散した。村の東口に位置した壬生藩兵（物頭組）は、夜明まで撃ち合い、戦闘中止の命令で村内に引き揚げた。村の西方の山林に布陣した壬生藩兵（中筒士・先手組）は、同じ新政府軍から激しい攻撃を受けたのち、村内に戻った。一連の戦闘では、先手組足軽大森勇治と所吉十郎が負傷した。

安塚でまだ激戦が続いているころ、旧幕府軍の伝習隊第二大隊のうち、七・八番の両小隊が壬生城に迫っていた。安塚での戦いを有利に進めるための後方攪乱が目的の部隊だ。宇都宮への街道上にあって守備隊のいる上河岸口を避け、南方に迂回して、中河岸に近い雄琴神社の東方から侵入してきた。壬生藩は、大手口守備隊を派遣。物頭小笠原甚三郎は、足軽組を率いて船町に出動、中筒奉行穂積家三郎は、中筒士を率いて雄琴神社の裏に出動した。敵兵との銃撃戦で、中筒士小西令作が戦死。劣勢の壬生藩兵は城内に引き揚げた。旧幕府軍は、民家四・五軒に放火したが、豪雨のため延焼は免れた。大手門前の藤屋安兵衛の家に放火した兵士を、城内の壬生藩兵が射殺するなど、小人数同士の戦闘ではあったが、大手門を挟んでの銃撃戦が展開された。援軍のない旧幕府軍が引き揚げたことで、江戸時代の壬生城では最初で最後の「壬生城の攻防戦」は終わった。

「壬生城急襲さる」の一報は、「壬生城落城」の誤報となり、安塚での苦戦の報とともに、翌二十三日江戸に達した。参謀板垣退助、軍監西尾為忠の指揮のもと、鳥取・土佐両藩兵が壬生に急行することとなった。壬生城で留守を預っていた有馬藤太も援軍を求め、二十二日、結城から雀宮に向かっていた薩摩・長州・大垣の諸藩兵と合流、事情を説明して壬生に赴かせた。有馬が連れてきた援軍が到着した時、安塚の戦いは、すべての戦闘が終了した後であったが、二十三日、宇

安塚宿内にある戊辰戦没者の墓

都宮城を奪還をした新政府軍の主力は、この軍であった。

現在安塚には、二十二日の戦死者の墓が三基存在する。一基は安昌寺内にあるもので、土佐藩士の森山鉄太郎の墓、一基は天理教会前にあるもので、同じく土佐藩士の国吉栄之進（二番隊士）・武市権兵衛（六番隊士）・半田擢吉（一番隊士）三名連記の墓、もう一基は、家並みの北方にある。当地で戦死した大鳥勢三四名を葬った墓だ。明治十三年五月二十日、大久保菊十郎が発起人となって、彼らの遺骨を改葬、建立したものだ。壬生の常楽寺（壬生町本丸一丁目）にも安塚の戦いでの戦死者とされる、忍《おし》藩の佐藤市郎の墓がある。当日の戦闘には忍藩は参加しておらず、佐藤の戦歴やここに墓が建てられた理由とも不明だ。

四月八日以来の戦闘では、壬生藩士にも死傷者が出た。閏四月十六日付で東山道総督府に提出した「討死、手負、出兵人員」の調書には、次のようにある。

「討死（戦死）　中筒士　小西令作、　鎗持　鶴松
手負（負傷）　先手卒　所吉十郎、　同　大森勇吉、　車推卒　川中子徳之助
各処出兵人員三八〇人」

この調書を基に、閏四月二十五日には、「戦死者二名宛　香料二〇両、手負三名宛　療費三〇両、酒料五〇両　出兵人数中」が、総督府より下賜された。

安塚の戦いでは、「銃創の名手」齋藤玄昌の活躍（第四章第四節）と日本初「女性銃創看護人」（二〇一頁のコラム）の雇用があった。ぜひ参照していただきたい。

宿の北外れ、字坂下（あざさかした）にある戦没者の墓標
地元の人々によって近年整備が行われた。

奥州出兵と利鎌隊

四月八日以来、今市宿への派兵、小山宿での戦闘、そして四月二十二日の安塚・壬生城の戦いとわずか二週間の間に戦闘が続いた。閏四月、五月と壬生藩の周囲は小康状態であったが、六月十七日、下総野鎮撫府より奥州への出兵を命じられた。館林藩の代わりとして奥州との国境方面への藩兵の派遣だった。

六月十九日、組頭小笠原甚三郎、物頭大沢斉、同小島欽橋、鞘重奉行兼目付井狩平太を中心とする総勢一三四人が壬生城を出発。芦野宿（栃木県那須町芦野）あるいは奥州白坂や白河宿（ともに福島県白河市）などの警備。会津への物資輸送の護衛任務にあたった。途中で藩兵の増員★あるいは、組頭や物頭の交代★があった。会津若松城（福島県会津若松市）が開城した九月二十二日以降も、一部が今市宿への警備に回されたが、十月四日には壬生城に帰城した。壬生藩の奥州出兵は、国境警備や物資輸送が任務だったため、最前線での戦闘には巻き込まれることなく、壬生藩の戊辰戦争は終わった。

戊辰戦争には、草莽隊といわれる武士以外の身分の人たちによる、自発的な軍隊が出現した。都賀郡の神職・豪農たちで組織された「利鎌隊《とがまたい》」もそのひとつだ。九月四日、黒川豊麿★が隊長となり、「六〇名の兵隊を結集し、祝詞の神文に因

▼藩兵の増員
七月二八日には、小笠原源六郎を隊長とする二十余名が増派され、奥州に派遣された壬生藩兵は、一六〇人ほどになった。

▼組頭や物頭の交代
八月二日には、組頭が小笠原甚三郎から大島金七郎と交代。同晦日には、物頭の交代があり、淵本藤一郎が組の者とともに白河に到着、小島欽橋は組の者ともども帰国。

▼黒川豊麿
天保十三年（一八四二）壬生雄琴明神神職黒川豊前の子に生まれる。文久二年（一八六二）七月平田鉄胤に入門。慶応三年（一八六七）には上京し、下野壬生家旧臣として江戸時代を通じて交流のあった壬生官務家を介して東征大総督有栖川宮熾仁親王と親交を得る。上野戦争ではその縁で戦闘に参加し、恩賞として有栖川宮熾仁親王自筆の「帝道維一」と記された旗を授けられた。

み利鎌隊と称し、野州表の残賊を除きたい」との意図で結成。豊麿の住む雄琴神社で利鎌隊は誕生した。誕生間もなくの九月二十二日には会津若松城開城、二十四日には庄内藩（山形県鶴岡市）が降伏した。これにより、下野はもとより、本州を戦場とした戊辰戦争は終息していた。下野での「残賊」追討という利鎌隊当初の目的は、その誕生からほどない時期にすでに失われていた。

黒川たちは、軍隊から「講舎」組織に機構替えをして「利鎌隊」の生き残りを図ったが、日光県や壬生藩には受け入れられず、講舎は解体された。明治三年（一八七〇）一月には旧利鎌隊自体も解散となり、一年半余りの活動に終止符を打った。

利鎌隊結成の地、黒川豊麿が神職を務めた神社平成三十年に「下野勤王利鎌隊結成の所」という碑が建てられた（雄琴神社）。

⑤ 鳥居忠文と維新への胎動

戊辰戦争後、藩主鳥居忠宝の弟忠文が藩主名代として藩政を担う。
忠文と尊攘派の藩士たちに率いられ、壬生藩は新たな時代に向けての改革に着手。
廃藩置県までの短い期間ではあるが次世代につながる独自の新体制を築いた。

知藩事から岩倉使節団

慶応四年（一八六八）九月、改元が行われ明治の世となる。会津の落城、箱館（函館）での旧幕府軍降伏により、壬生藩にとっての戊辰戦争は終わった。

明治元年（一八六八）十月、鳥居忠文《ただぶみ》は病身の兄忠宝《ただとみ》の名代として藩政改革に着手するなか、翌二年五月には上京し版籍奉還を行う。忠宝は知藩事に任命され、華族となった。同三年、忠宝は病気を理由に家督を譲り、弟鳥居忠文が知藩事となった。一年を経たずして廃藩置県となり旧藩主の知藩事は華族として東京への移住が要請され、家禄と身分は保障されたものの大名としての地位は激変する。これが明治四年のことである。九月、忠文は新設された司法省に司法中録として出仕するが翌月には海外視察のため退官し、十一月には岩倉使節同行留学生の一

鳥居忠文肖像
（常楽寺蔵）

員となっている。

この間、忠文の動向はめまぐるしく、知藩事廃止から海外渡航までわずか四カ月。動機不明なところもあるものの背景には新政府の海外留学奨励、とくに忠文が司法中録を辞した十月、明治国家における国民の手本としての華族の将来像を示した勅語のなかで海外留学が強く要請されていたことも大きな要因であろう。

明治四年、新政府は条約改正の準備交渉のため政府首脳からなる使節団を欧米に派遣することになった。一行は特命全権大使に右大臣岩倉具視、副使に参議木戸孝允★以下四名、書記官、大使随行、理事官の団員に使節随従、同行留学生を加え総勢百余名。二十五歳になった忠文は、理事官佐々木高行に自費随行の資格を得て米国留学に参加する。なお、佐々木は前月まで忠文が奉職していた司法省の上司にあたる司法大輔であった。

十一月十二日、一行は「行けや海に火輪を転じ」（三条実美の送別の辞より）と励まされ横浜港からアメリカ号に乗船し旅立つ。忠文はこれよりアンドーバー神学校からアマースト大学およびボストン大学に法律学を学び、明治十三年の一時帰国はあったものの留学は延べ十二年間にわたった。アンドーバー神学校もアマースト大学も同志社創立者の新島襄★が学んだ学校として有名である。

帰朝後忠文は、明治十七年子爵を授けられ、その翌年、三十九歳でハワイ赴任を命じられるのである。

▼木戸孝允
長州藩出身。元の名は桂小五郎。松本暢が故郷の富田に築いた隠居所のために揮毫した書「行雲流水書屋」が残されている。

▼新島襄
上野国安中藩出身の思想家・教育家。幕末に脱藩して渡米し、神学・理学を学ぶ。宣教師として帰国後、同志社英学校・同志社女学校を設立した。

ハワイ領事

　忠文は明治十六年（一八八三）、外務省御用掛を拝命。翌年には子爵を授かる。同十八年、ハワイ国ホノルル府の領事館に在勤、以後副領事を経て同二十二年二月領事代理に任命される。同二十四年、外務書記官に昇進し、明治二十九年共和国に変わったハワイに再度公使館書記官として派遣されるが翌年退官。忠文の十四年にわたる外交官経歴はほぼハワイに終始した。

　一八一〇年当時のハワイは、カメハメハ大王★が樹立したハワイ王朝のもと独立国家としてアメリカとアジアを結ぶ通商・捕鯨等の中継基地の役割を果たす太平洋に浮かぶ要衝であった。やがて十九世紀後半になるとアメリカ人はじめ外国人の移住者が増加し、アメリカ市場向けのサトウキビ栽培が盛んとなり、労働者としてのアジア人移民が必要とされた。

　明治四年には日布修好通商条約が締結されたが、移民の渡航はないままだった。その後、同十四年には国王カラカウア王★が世界一周の旅の途中に日本に立ち寄り、明治天皇はじめ政府首脳らと親交を深めた。その際、単独で明治天皇に会見し、日本人移民の渡航とカイウラニ王女★と山階宮定麿王《やましなのみやさだまろ》★の婚約を申し入れたが、婚約の方は実現には至らなかった。移民の件は翌年にハワイ政府の正式要請もあっ

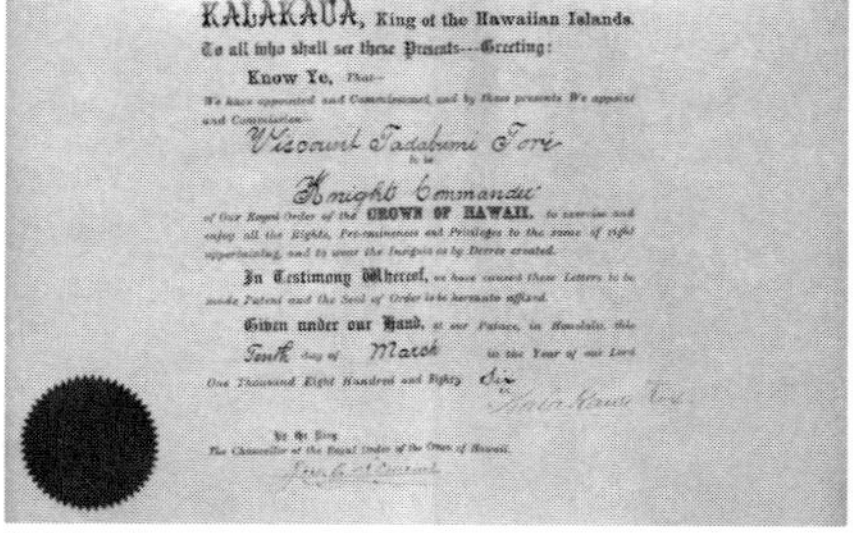
KALAKAUA, King of the Hawaiian Islands.
To all who shall see these Presents---Greeting:
Know Ye, That--
Viscount Tadabumi Torii
Knight Commander
of Our Royal Order of the CROWN OF HAWAII,
In Testimony Whereof,
Given under our Hand,
Tenth day of March
One Thousand Eight Hundred and Eighty Six

鳥居忠文ハワイ国王委任状
（常楽寺蔵）

▼カメハメハ大王
ハワイ王国初代王（一七五八——一八一九）。

▼カラカウア王
ハワイ王国七代王（在位一八七四——一八九一）。

▼カイウラニ王女
カラカウア王の姪（妹の娘）で養女。

▼山階宮定麿王
のちの東伏見宮依仁親王。海軍軍人。

て、明治十七年ホノルル領事館設置が決まり、約定書が取り交わされた。これはハワイ政府が渡航費および医療費の全額負担、労働報酬および食費についても一定額の支給を約束したものである。

翌十八年二月にはシティ・オブ・トーキョー号に乗船した九四六人がハワイに上陸した。忠文のホノルル領事館就任はこの動きと連動するものであったが、忠文は初代領事中村治郎夫妻が同号で赴任したのに対して、同六月、山城号に乗り込んで赴任したのである。三十九歳の書記生はいかにも遅咲きだが、忠文に託された任務は予想以上に重いものであった。さらに同十九年には日布渡航条約が締結され、ハワイ政府は日本人労働者に対して雇用主としての責任があることが明記された。領事館はハワイ政府とその支配下にある直接の雇用主と日本人労働者の間に立って積極的に日本人労働者を保護することが期待されたのである。

そうした中、忠文の仕事は、①日本人移民と雇用主との労働争議の調停、②労働条件の改善提案、③日本人移民の日本への送金事務、④ハワイ王国の政情調査、⑤①〜④を外務省に報告、であった。それと同時に、政府から特別に派遣された弁理公使井上勝之助★の補佐も行った。中村領事、安藤太郎総領事★のもとで両者を支えたことからして、忠文が単なる「殿様外交」ではなく、英語などの語学力にも秀でていたことが理解される。そして何より初代領事時代からホノルル領事館運営を支えていたことは特筆すべきであろう。

▼**井上勝之助**
外務卿井上馨の養嗣子、忠文とともに山城号で赴任。

▼**安藤太郎総領事**
初代日本国総領事。この時点で大使格となった。

これも壬生

地域おこしの〝パイオニア〟

明治時代の日光に、現代のアートプロデューサーの先駆けともいえる人物がいた。壬生藩士の守田兵蔵である。多彩な活動は必ずしも成功せず、知る人も少ないが、時代の転換期に文化と産業を両輪として地域おこしに奮闘した軌跡は、現代に通じる魅力を放つ。

守田兵蔵は聖徳太子流師範松本五郎兵衛の弟子で、高杉晋作とも試合をした剣客だが、「天狗党の乱」での負傷をきっかけに鉱山技師に転じた。

守田兵蔵肖像
（個人蔵）

古河市平衛配下の足尾銅山勤務として地元栃木県に戻った守田は、銅山退職後は日光を拠点に銀行や建設業などさまざまな事業を手掛けたが、中でもとくに「日光ブランド」の美術工芸品の創設に力を入れた。

殖産興業が叫ばれた当時、欧米のジャポニスム人気を背景に、美術工芸品は主要な輸出品のひとつ。「徳川の聖地」日光には特に新時代の産業が求められていた。守田は各地の職人や画家を集め、自宅に工房兼陳列場の「鍾美館」を開設し、外国人の避暑客向けに絵画や漆器、陶器を販売。鉱山時代の人脈を生かし、本格的な産業化を目指した。

ところが、客層の変化などにより美術品事業は次第に不調となり、鍾美館も大正初年には天皇の護衛兵の宿舎として使われるようになって忘れられた存在に。しかし、文化の力を通して地域を見つめ直し、もり立てる姿勢は、「元祖・地域おこし」にも通じ、パイオニアとしての守田の姿が浮かび上がる。

日光焼花瓶
（個人蔵）

「鍾美館」印のある日光堆朱硯箱
（個人蔵）

これも壬生

みぶの医療

国内初の〝女性看護人〟

平成十九年、「女性看護人国内初は壬生」との記事が地元新聞に掲載された。

歴史的にみると「看護人」の仕事は男性によって行われていた。女性看護師が初めて登場するのが、戊辰戦争の時代である。戊辰戦争とは慶応四年（一八六八）正月の鳥羽・伏見の戦いに始まり、翌明治二年（一八六九）五月の五稜郭の戦いが終結するまでの、官軍と幕府軍による一連の内戦である。戊辰戦争時の野戦病院には藩医二～三名、男性看護人四～五名が従事していたといわれている。

新政府軍の軍医として壬生を訪れた土佐藩医弘田親厚《ちかあつ》の従軍日記『慶応四戊辰 会津征討日記』に、壬生城内に「銃創看病人として、此の地の婦人九人雇い入れ養生局へ差し置ける」とある。慶応四年四月二十二・二十三日、宇都宮城に向かう官軍が、その途中の安塚で旧幕府軍と激突、いわゆる安塚戦争が起きる。この戦いでは県内最大の銃撃戦が行われ、多数の死傷者がでた。翌二十四日に養生局に女性の看護人を採用した。これまで国内で初めて女性看護人を置いたのは、同四年閏四月十七日の「横浜軍陣病院」とされていたが、壬生の出来事はこれより一カ月前の四月二十四日であり、国内初となる。

いいくすりです。〝太田胃散〟

テレビで頻繁にみかける「太田胃散」のCM。ショパンのピアノ曲をBGMに、有名タレントが「太田胃散 ありがとう いいくすりです」と宣伝している。

ところで、この「太田胃散」の「太田」が人名で、しかも栃木県壬生町出身の人であったことをご存じであろうか。太田胃散の創業者、太田信義（号は雪湖）の経歴は前述のとおり。官職を辞め、出版業を始めた信義はこの転身により大きなストレスを抱えたようで、胃病に悩むようになった。たまたま大阪へ出張した際に緒方拙斎（大坂で適塾を主宰した緒方洪庵《こうあん》の娘婿）の診療を受けたが、その時処方された薬がよく効き、まもなく胃病も治ってしまった。

そこで信義は拙齋からもらった処方をもとに改良し胃腸薬を製造。明治十二年（一八七九）政府の認可を得て販売を始めた。こうして誕生したのが「雪湖堂の胃散」、現在も売られている「太田胃散」である。太田胃散は散剤（粉末状の薬）にこだわり、分包タイプも販売されているが、現在でも缶入りの散剤の愛用者は多い。

太田信義肖像（株式会社太田胃散蔵）

エピローグ

醫《い》・医《い》まち壬生

プロローグでも触れたが、壬生町立歴史民俗資料館を会場に行われている「郷土の偉人顕彰作業」（同実行委員会主宰）では、江戸時代から近現代にかけて数多くの埋もれた人物の事績を顕彰してきた。とくに幕末の医学や軍事学の分野における成果は、「蘭学のまち・壬生」の誕生につながった。

そのシンボルとして、壬生町の旧大通りは「蘭學通り」の愛称で親しまれ、電線の地中化などにより美しく整備されているが、これは実践学を奨励した壬生藩主鳥居忠挙が蘭学を導入し、多くの蘭学者、とくに医師を輩出したことにちなんで命名されたものである。蘭学とは西洋の学術を対象とする学問であるが、鎖国を行っていた江戸時代、オランダ人を介して学んだため、こう呼ばれている。

その後は医療の街として、当時の新聞に「藩政改革以来、医業をもって事へし各老練熟達の西洋医隆々として依然門を構える、その上近頃二、三の新開業医あらわれいずれも門前市をなす様は吾人をして長生免患の感あらしむ、内にも齋藤氏の如きは名声すこぶる高く遠路の往診実に頻繁なり」(「下野新聞」明治二十七年十一月十一日付)と、壬生の名医齋藤玄昌をはじめとするベテラン勢に加え新人の西洋医が新たに開業する医師も加わり、まさに「蘭學通り」の名にふさわしい状況であったことが窺える。

現在もこの蘭學通り沿いに医家石﨑家が開院した「賛成医院」(町文化財)がランドマークとして残り、その子孫・道治氏が眼科医を開業し、医家として九代続く名家である。今では獨協医科大学・病院が開学開院され、壬生町はメディカルタウンを標榜している。人口に占める医師数や看護師数などの割合が県内トップで全国でも上位にある。これは獨協医科大学の存在が大きな要因でもあるが、壬生蘭学の伝統を継ぐものでもある。

獨協医科大学が壬生に誘致されたのが齋藤玄昌没後百年。さらに国内初のドイツ語辞典を編んだ司馬凌海と壬生藩医が同時に日本近代医学の父と称された蘭医ポンペに入門し、凌海の息子が独逸学協会学校(獨協医科大学の前身)の校長をしていたことが新たに判明した。獨協医科大学はまさに赤い糸で結ばれていたのである。そう考えると、獨協医科大学が当町に誘致されたのは歴史的必然性があるように思われる。

あとがき

郷土史研究、とりわけ「郷土の偉人顕彰作業」を進めてからすでに四半世紀が経過した。そして、人物から「壬生藩」の調査・研究に広がりを見せている。

郷土史の研究で大切なのは史料等の発掘であろう。その発見までの経緯は困難なものである。調査を始めてすぐに確認できるもの、何十年もの調査を経ても確認できないもの、さまざまである。その結果、史料を整理して解読を進め、研究書に発表、大発見ならばマスコミへも併せて発表となる。私は、かねてより史料の発掘とその解読については、蓄積しこれに努めてきたと自負している。と言いながら、解読となるといささか自信がない。今回、共同執筆をいただいた笹﨑明君（日本城郭史学会委員）にお任せなのである。彼は学生時代から原文書を読み解く力を蓄え、今では私の文書の師匠であり、同志でもある。「壬生藩」調査・研究の歩みは笹﨑君と二人三脚で実績を重ねてきた。

その結果、我々が調査・研究をした歴史が、ようやく市民権を得、新たなる飛翔を遂げようとしている。

それはともかく、我が壬生町においては、昭和四十年代に『物語壬生史』が刊行され、平成元年（一九八九）には『壬生町史』（全七巻）の構想が実現され成果を上げた。しかしながら、『壬生町史』も刊行されてから四半世紀が経とうとしている。その後の歴史は壬生町立歴史民俗資料館で開催された展覧会の図録などにより補うことはできるものの、一方では新たな歴史書を希求する声があることも事実である。

その矢先に、東洋大学の岩下哲典先生から『藩物語』執筆のお話をいただき、千載一遇のチャンスと考え快諾した。

内容については、四半世紀にわたる「偉人顕彰作業」で確認した情報を網羅し、新たな視点で「壬生藩」を描いたものである。岩下先生をはじめ壬生町民の皆様へのささやかな恩返しになれば望外の幸せである。

末筆ながら、本書を執筆できたのは鳥居宗家十六代鳥居忠明氏、常楽寺國生泰俊住職の御支援に感謝し、さらに先人の業績と壬生町立歴史民俗資料館発行の図録図書があったればこそである。

本書執筆の機会をつくってくださった現代書館の菊地泰博社長には心より感謝を申し上げるとともに、何度も校正で手を煩わせた編集の加唐亜紀さんに御礼を申し上げる。また、辛抱強く文章を校訂していただいた掛川まどか氏（壬生町立歴史民俗資料館）に併せて御礼申し上げる。

それでは二〇二〇年開催「第十八回全国藩校サミット　壬生大会」成功を祈念しつつ……筆を擱く。

中野正人

参考引用文献

（刊行順）

壬生町教育委員会『物語壬生史』（一九七二）
壬生町史編纂委員会『壬生町史 民俗編』（一九八五）
壬生町史編纂委員会『壬生町史 資料編近世』（一九八六）
壬生町史編纂委員会『壬生町史 資料編近現代Ⅰ』（一九八七）
田村正規「壬生藩校・藩士の教育とその精神的基盤を養う」『江戸時代人づくり風土記九栃木』（農山漁村文化協会 一九八九）
壬生町史編纂委員会『壬生町史 通史編Ⅰ』（一九九〇）
壬生町立歴史民俗資料館『瓢とくらし』展図録（一九九一）
早川純夫「ああ美男はつらい」『歴史読本 二月号』（新人物往来社 一九九一）
壬生町立歴史民俗資料館『慈覚大師円仁』展図録（一九九二）
壬生町立歴史民俗資料館『種痘医 齋藤玄昌』展図録（一九九六）
壬生町立歴史民俗資料館『〈箱根八里〉と作詞家 鳥居忱』展図録（一九九六）
壬生町立歴史民俗資料館『ペリーに大砲を向けた男 友平榮』展図録（一九九八）
上野市古文献刊行会『高山公実録〈藤堂高虎公伝〉』下巻（一九九八）
中野正人「『報徳全書』にみる齋藤玄昌について」『歴史と文化 第九号』（栃木県歴史文化研究会 二〇〇〇）
壬生町立歴史民俗資料館『―家康に天下を取らせた男― 鳥居元忠』展図録（二〇〇一）
壬生町立歴史民俗資料館『壬生藩鳥居家の学問』展図録（二〇〇二）
壬生町立歴史民俗資料館『壬生のサムライ太平洋を渡る』展図録（二〇〇四）
中野正人「伏見城攻防戦」『歴史読本 十一月号』（新人物往来社 二〇〇四）
壬生町立歴史民俗資料館『大名鳥居家』展図録（二〇〇五）
壬生町立歴史民俗資料館『狩野派と壬生藩の絵師たち』展図録（二〇〇六）
壬生町立歴史民俗資料館『壬生の医療文化史』展図録（二〇〇七）
壬生町立歴史民俗資料館『壬生城郭・城下絵図』（二〇〇七）
壬生町立歴史民俗資料館『壬生剣客伝』展図録（二〇一〇）
壬生町立歴史民俗資料館『改定版 みぶ蘭学人あらわる』（二〇一〇）
中野正人「壬生藩蘭学再考」『獨協学園資料センター研究年報三』（二〇一一）
壬生町立歴史民俗資料館『壬生城本丸御殿と徳川将軍家』展図録（二〇一二）
中野正人「県内初の西洋医・齋藤玄昌とは？」『栃木県謎解き散歩』（新人物往来社 二〇一二）
田邉博彬『日光山麓史下野国板橋を取り巻く世界』（随想舎 二〇一二）
壬生町立歴史民俗資料館『壬生のサムライと日光の至宝』展図録（二〇一三）
壬生町立歴史民俗資料館『大名鳥居忠英と学者伊藤仁斎』展図録（二〇一三）
中野正人「県内初の西洋医 齋藤玄昌とは」『とちぎメディカルヒストリー』（獨協出版会 二〇一三）
土浦市・日野市・壬生町・板橋区『幕末動乱』展図録（二〇一四）
壬生町立歴史民俗資料館『誠心院聡姫と壬生七傑』展図録（二〇一六）
石﨑道治『石﨑家の医療史』（二〇一六）
中野正人「鳥居家の歴史―高遠城主忠春・忠則を中心に―」『信州高遠藩』展図録（新宿区立新宿歴史博物館 二〇一六）
宮路正人「東国一小藩から幕末維新を考える―野州三万石壬生藩を例として―」『地域の視座から通史を撃て！』（校倉書房 二〇一六）
壬生町立歴史民俗資料館『鳥居元忠―山城伏見ノ別レ―』展図録（二〇一七）
稲葉末知世・田所望・西山緑・中野正人「壬生藩医五十嵐家に伝わるもう一つの解剖図『（異種）解体正図』の考察」『日本醫史學雑誌 第六三巻第四号』（日本医史学会 二〇一七）
壬生町立歴史民俗資料館『壬生のヒポクラテスたち―医は仁術なり―』展図録（二〇一九）

協力者

（五十音順）

阿美智篤、石﨑道治、猪瀬満枝、稲葉末知世、大橋悦子、尾花利夫、川上繁、粂川武正、粂川洋一、黒川正邦、小菅一弥、小林英雅、多賀谷茂、田村幸一、寺内進、鳥居忠雄、中村辰夫、西ヶ谷恭弘、野原豊、松本芳夫、森田哲郎、平位全一、「郷土の偉人顕彰作業」実行委員会、獨協医科大学医史学研究室、壬生町教育委員会、壬生町役場、壬生町立歴史民俗資料館

中野正人（なかの・まさと）
一九五八年、栃木県栃木市生まれ。現在、壬生町立歴史民俗資料館館長、獨協医科大学非常勤講師（医史学）。展覧会は『種痘医 齋藤玄昌』『大名鳥居家』『壬生の医療文化史』『壬生剣客伝』『大名鳥居忠英と学者伊藤仁斎』『鳥居元忠—山城伏見ノ別レ—』展等を企画、図録を編集・執筆。

笹﨑 明（ささざき・あきら）
一九六一年、栃木県栃木市生まれ。壬生町立図書館（司書）ののち、現在壬生町立生涯学習館勤務。日本城郭史学会委員。共著に『城郭の見方・調べ方ハンドブック』『国別城郭・陣屋・要害・台場事典』『国別戦国大名城郭事典』（いずれも東京堂出版）がある。

シリーズ藩《はん》物《もの》語《がたり》 **壬《み》生《ぶ》藩《はん》**

二〇一九年三月三十日 第一版第一刷発行

著者——中野正人、笹﨑明
発行者——菊地泰博
発行所——株式会社 現代書館
東京都千代田区飯田橋三—二—五 郵便番号 102—0072 http://www.gendaishokan.co.jp/
電話 03—3221—1321 FAX 03—3262—5906 振替 00120—3—83725
組版——デザイン・編集室 エディット
装丁——伊藤滋章（基本デザイン・中山銀士）
印刷——平河工業社（本文）東光印刷所（カバー・表紙・見返し・帯）
製本——鶴亀製本
編集——加唐亜紀
編集協力——黒澤 務
校正協力——高梨恵一

©2019 Printed in Japan ISBN978-4-7684-7152-4

江戸末期の各藩

松前、**八戸**、七戸、黒石、**弘前**、**盛岡**、**一関**、秋田、亀田、本荘、秋田新田、仙台、松山、**新庄**、**庄内**、天童、長瀞、**山形**、上山、**米沢**、米沢新田、相馬、福島、**二本松**、三春、**会津**、**守山**、棚倉、平、湯長谷、泉、**村上**、黒川、三日市、**新発田**、村松、三根山、与板、**長岡**、椎谷、**高田**、糸魚川、松岡、笠間、宍戸、**水戸**、下館、結城、**古河**、下妻、府中、土浦、麻生、谷田部、牛久、大田原、黒羽、烏山、喜連川、**宇都宮・高徳**、**壬生**、吹上、**足利**、佐野、関宿、高岡、佐倉、小見川、多古、一宮、**生実**、鶴牧、久留里、大多喜、請西、飯野、佐貫、勝山、館山、岩槻、忍、岡部、**川越**、沼田、前橋、**伊勢崎**、館林、高崎、吉井、小幡、安中、七日市、飯山、須坂、**松代**、**上田**、**小諸**、岩村田、田野口、**松本**、諏訪、**高遠**、飯田、金沢、荻野山中、**小田原**、**沼津**、小島、田中、掛川、**相良**、横須賀、浜松、富山、加賀、大聖寺、郡上、高富、苗木、岩村、加納、大垣、高須、今尾、犬山、挙母、岡崎、西大平、西尾、吉田、田原、大垣新田、尾張、**刈谷**、西端、長島、**桑名**、神戸、菰野、亀山、津、久居、鳥羽、宮川、彦根、大溝、山上、西大路、三上、膳所、水口、丸岡、勝山、大野、**福井**、鯖江、敦賀、小浜、**淀**、新宮、田辺、紀州、峯山、宮津、田辺、綾部、山家、園部、亀山、福知山、柳生、柳本、芝村、郡山、小泉、櫛羅、高取、高槻、麻田、丹南、狭山、岸和田、伯太、豊岡、出石、柏原、篠山、尼崎、三田、三草、明石、小野、姫路、林田、安志、龍野、山崎、三日月、赤穂、鳥取、若桜、鹿野、**津山**、勝山、新見、岡山、庭瀬、足守、岡田、岡山新田、浅尾、松山、鴨方、福山、広島、広島新田、高松、丸亀、多度津、西条、小松、今治、松山、**大洲・新谷**、**伊予吉田**、**宇和島**、徳島、**土佐**、土佐新田、**松江**、広瀬、母里、浜田、津和野、岩国、徳山、長州、長府、清末、小倉、小倉新田、**福岡**、**秋月**、**久留米**、柳河、**三池**、蓮池、唐津、**佐賀**、**小城**、鹿島、大村、島原、平戸、平戸新田、**中津**、杵築、日出、**府内**、臼杵、**佐伯**、森、**岡**、熊本、熊本新田、宇土、人吉、延岡、高鍋、佐土原、飫肥、薩摩、対馬、五島（各藩名は版籍奉還時を基準とし、藩主家名ではなく、地名で統一した）　★太字は既刊

シリーズ藩物語・別冊『それぞれの戊辰戦争』（佐藤竜一著、一六〇〇円＋税）

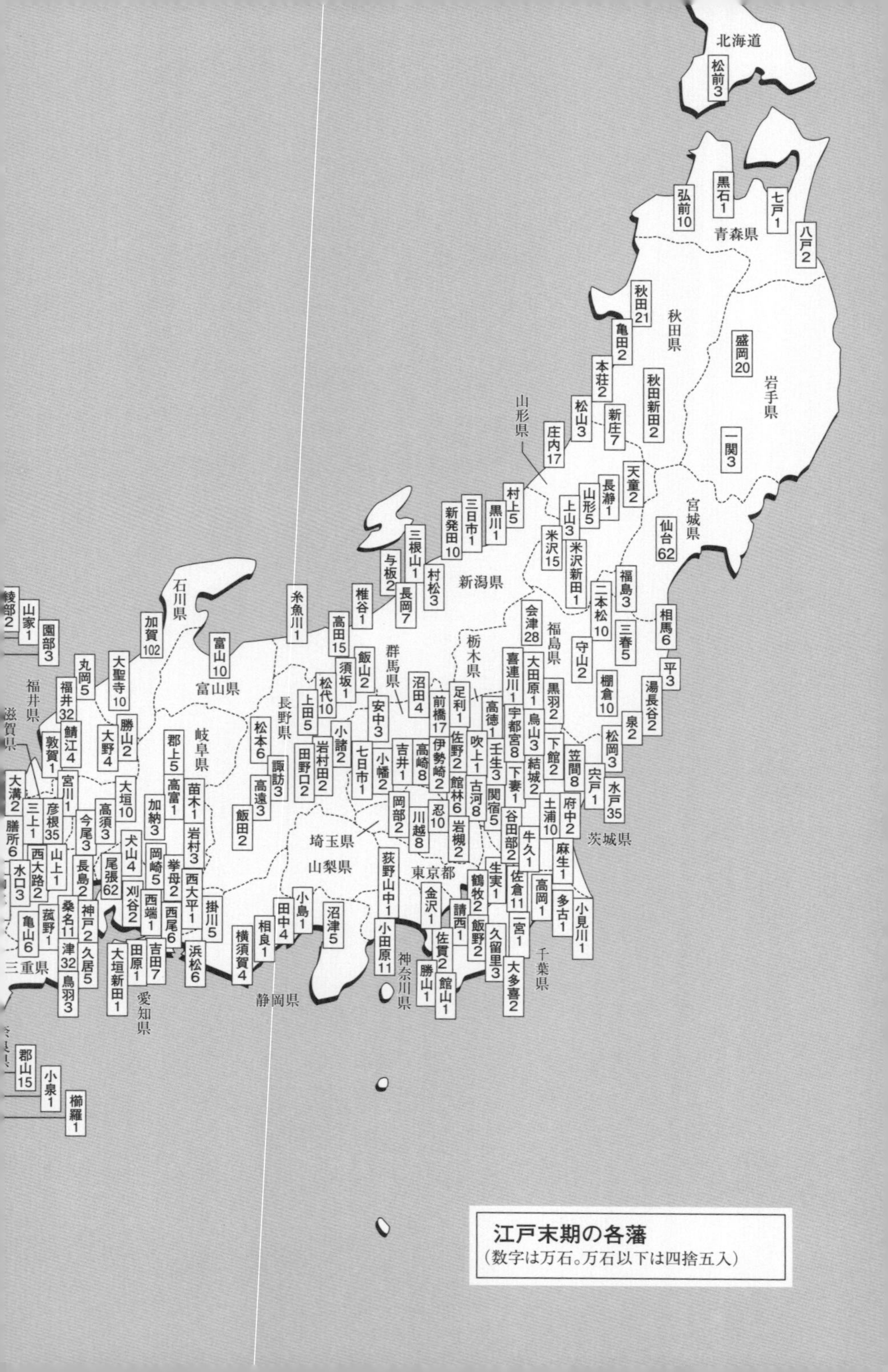

江戸末期の各藩
（数字は万石。万石以下は四捨五入）